Alice Schwarzer
Meine algerische Familie

Alice Schwarzer
Meine algerische Familie

Mit Fotos von Bettina Flitner

Kiepenheuer & Witsch

MIX
Papier aus verantwortungsvollen Quellen
FSC® C083411
Verlag Kiepenheuer & Witsch, FSC® N001512

2. Auflage 2018

Umschlaggestaltung: : Barbara Thoben, Köln
Umschlagmotiv und Fotos: © Bettina Flitner
Layout Innenteil: Barbara Thoben, Köln
Gesetzt aus der Scala
Satz: Buch-Werkstatt GmbH, Bad Aibling
Druck und Bindung: CPI books GmbH, Leck
ISBN 978-3-462-05120-9

Inhalt

1

Eine Liebeshochzeit, zwei Zwangsehen und die schwarzen Jahre

April 2016. Ich sitze auf dem schmalen Jungmädchenbett von Sarah. Die ist inzwischen auch schon 24, hat zu Ende studiert, aber denkt im Traum nicht daran, auszuziehen oder gar zu heiraten. Das Gedränge in ihrem kleinen Zimmer ist groß. Mutter Zohra, die beiden älteren Schwestern und zwei Freundinnen sind mit gewaltigen Tüten und Koffern angerückt und probieren nun raschelnd ihre Festkleider für morgen an. Der einzige Bruder, Ghanou, wird heiraten. Das Ereignis schlägt seit Monaten hohe Wellen. Morgen nun soll das Finale sein.

Ich werfe mich laut jammernd aufs Bett und raufe mir die Haare. »Hättet ihr mir doch nur etwas gesagt«, stöhne ich. »Was soll ich denn jetzt anziehen?! Da kann ich ja gleich zurückfliegen …« Die Mädels kichern vergnügt. »Ist doch nicht so schlimm, Alice, macht nichts. Jeder weiß doch, dass du Ausländerin bist. Es ist ja nicht deine Schuld, dass du keine Ahnung hast.« Und dabei kichern sie noch vergnügter.

Mein Fehler: Ich habe nur ein Kleid für den Abend in meiner Reisetasche. Die Braut aber wird sieben Kleider tragen. Hintereinander. Und alle weiblichen Gäste ebenfalls mindestens fünf. Am nächsten Abend werde ich erleben, wie das funktioniert: Die Damen rücken mit großen Rollkoffern zum Fest an. Direkt neben dem Festsaal gibt es einen Extraumkleideraum, in den sie alle halbe Stunde huschen, um das Outfit zu wechseln. Heraus kommen sie in jeweils anderen Kleidern inklusive passendem Schuhwerk und Schmuck. Die Braut hat einen Extraraum. Nur Djamila und die verschleierten Frauen wechseln einmal oder keinmal. Ich stehe also ziemlich dumm da.

Mit Djamila, der Tante des Bräutigams, bin ich seit 1989 befreundet. Seit meinem Seminar in Tunis für Journalistinnen aus Nordafrika. Da waren unter den 25 bis 30 Frauen auch zwei Mauretanierinnen im bunten Wüstenschleier, zwei emanzipierte Libyerinnen aus der Zeit Gaddafis und Algerierinnen, darunter Djamila von der APS, der staatlichen algerischen Presseagentur.

Djamilas Familie kenne ich seit den 90er-Jahren. Damals besuchte die ganze Familie Djamila im Exil in Köln. 2007 haben wir dann zusammen Silvester in Algier gefeiert. Wir haben bis in die tiefe Nacht getanzt, nach arabischem Raï und westlichem Pop. Allen voran ich und Ghanou, der morgen seine Hochzeit feiern wird.

Geheiratet hat das Paar bereits in den vergangenen Tagen: zuerst beim Standesamt, dann in der Moschee. Dass die staatliche Trauung vor der religiösen stattfindet, ist Gesetz – vor allem, damit die Frauen nicht getäuscht werden durch eine ausschließlich religiöse und rechtlich nicht gültige Trauung.

Am Vorabend des Hochzeitsfestes findet nun das dritte Festessen statt. Das erste war ganz unter Männern, das zweite ganz unter Frauen – dieses dritte wird wohl gemeinsam sein. Denke ich.

Ich kenne die Männer der Familie gut: Djamilas Neffe Ghanou, Schwager Zahar sowie diverse Brüder. Ghanou hat studiert und ist jetzt bei der Eheschließung 36 Jahre alt. Sein Vater hat mit 23 geheiratet und nur wenige Jahre die Schule besucht, ist aber ein sehr tüchtiger Geschäftsmann geworden. Er handelt mit Büromöbeln aus China und sein Haus ist komfortabel: unten die Geschäftsräume, im ersten Stock die Küche und die gemeinsamen Wohnräume, im zweiten Stock Schlafzimmer und ein Festraum. Im kleinen Garten Palmen und Gewürzpflanzen.

Die Stunde des Abendessens naht. Und was sehe ich? Alle Männer der Familie sitzen unten an einem großen Tisch, der wegen Regen nicht auf der Terrasse, sondern im Lagerraum hergerichtet worden ist. Und alle Frauen rennen zwischen dem Erdgeschoss und dem ersten Stock hin und her und bedienen die Männer. Erst nachdem die zu Ende gegessen haben, sind wir Frauen dran. Wir essen oben, im zweiten Stock. Schlechtgewissig bieten die Frauen mir zwischendurch Essen im ersten Stock an. Ich bin irgendwie dazwischen: zwischen den Frauen und den Männern. Ich warte selbstverständlich, bis auch wir Frauen dran sind.

Dennoch: Ich bin überrascht. Und wiederum auch nicht. »Meine« Familie ist eine typische algerische Familie: zwischen Tradition und Moderne. Djamilas Mutter war noch Analphabetin und verschleiert, ihre Nichten haben studiert und ziehen im Urlaub im Ausland die kürzesten Miniröcke und die höchsten High Heels an. Deren Mutter hatte der Ehemann noch verboten, nach der Eheschließung weiter arbeiten zu gehen. Die zukünftige Frau von Ghanou ist Anlageberaterin bei einer Bank und macht am liebsten Urlaub in Frankreich. Allerdings: Ghanou hofft, dass sie »eines Tages den Schleier tragen wird. Freiwillig natürlich.«

Am nächsten Tag brechen wir am frühen Nachmittag auf. Das Fest findet im *Sofitel* statt, dem schicksten Hotel der Stadt. Die beiden Schwestern des Bräutigams, Mounia und Lilia, arbeiten dort und haben für den Bruder Sonderkonditionen bekommen. Ich nehme meine Reisetasche mit, um wenigstens einmal wechseln zu können: zwischen dem Tageskleid und etwas halbdurchsichtigem Schwarzen für den späten Abend. Die Schuhe bleiben dieselben, aber immerhin: Ich habe zwei Ketten eingesteckt.

Der Saal ist prächtig. Auf der einen Seite eine riesige Fensterfront zu dem legendären Botanischen Garten, den die Franzosen im 19. Jahrhundert angelegt haben. Von ihm soll Königin Elisabeth gesagt haben, er sei der schönste Botanische Garten, den sie je gesehen habe. Eine Stimme, die schon an sich, doch in dem Zusammenhang noch schwerer wiegt.

Und siehe da: auch hier zwei nach Geschlechtern getrennte Sphären. In der Mitte das traditionelle Orchester in algerischer Tracht und die Tanzfläche, rechts große Tische für die Männer, links für die Frauen. Wir sind etwa 200 Gäste. Und ich bin die einzige Frau, die gleich zu Beginn auch mal auf die Männerseite geht, wo mich Djamilas Brüder mit Hallo begrüßen.

Später wird Zohra, die Mutter des Bräutigams, zu meiner Überraschung den Tanz mit mir eröffnen. Und ich gehe dann auch die Frauen auffordern. Bei den Verschleierten, die am äußersten linken Rand sitzen, schaffe ich es nur bei einer, sie auf die Tanzfläche zu locken. Mit den anderen tanze ich einfach neben ihrem Tisch. Natürlich tanzen sie alle viel besser als ich: Immer schwingt der Bauchtanz mit und werden die Arme zu arabesken Bewegungen gewunden. Es macht richtig Spaß! Erst gegen Ende mischen sich auch ein paar Männer, inklusive Bräutigam, unter die tanzenden Frauen.

Bevor der Tanz beginnt, erleben wir das Defilee des Brautpaares. Das geht so: Unter Trommelwirbel betreten Ghanou und Djalila den Saal. Beim ersten Auftritt trägt die Braut einen märchenhaften, geheimnisvollen Burnus aus mattweißem, schwerem Taft, er ist und bleibt im Nadelstreifenanzug. Es folgen fünf weitere prächtige Gewänder mit wechselndem Schmuck, jeweils angelehnt an die Trachten der unterschiedlichen Regionen des Landes. Die Krönung am Schluss ist ein klassisches, westliches Brautkleid, mit kurzen Ärmeln und Schleier.

Der Bräutigam führt die Braut jedes Mal durch den ganzen Saal bis hin zu einem Podest, das neben dem Orchester steht. Auf dem Podest steht ein rotes Sofa – und da wird die Braut abgesetzt. Alleine. Sie bleibt wie ein Model mit starrem Lächeln sitzen – alle Handys werden gezückt –, bis der Bräutigam sie wieder abholt. Irgendwann flüstere ich Ghanou, mit dem mich seit vielen Jahren ein vertrautes Verhältnis verbindet, zu: »Das ist doch schrecklich, dass sie so alleine dasitzt. Willst du dich nicht zu ihr setzen?« Das tut Ghanou dann, zögernd.

Am Morgen nach dem Fest hocken wir in der Küche. Wir Frauen. Die drei Schwestern Djamila, Akila, Zohra und ich.

Djamila ist Journalistin, unverheiratet und kinderlos, was für Algerien ungewöhnlich ist. Zohra, die Hausherrin, hat als junge Frau Krankenschwester gelernt und nach der Eheschließung aufgehört zu arbeiten, sie hat vier Kinder. Akila, die Älteste, ist ebenfalls Hausfrau und hat fünf Kinder; ihre zwei Töchter leben in Montreal und San Francisco. Was für Algerien nicht ungewöhnlich ist, es gibt einen Exodus der Jungen. Akila trägt Kopftuch.

Wir vier essen Reste und schwatzen. Und da stellt sich zu meiner Fassungslosigkeit Folgendes heraus: Djamilas beide Schwestern sind von der Mutter mithilfe einer Kupplerin verheiratet worden, beide haben ihren Ehemann am Tag der Hochzeit zum ersten Mal gesehen. Und beide sind bis heute mit ihren Männern zusammen. Die eine ist zufrieden, die andere nicht.

Ich frage die beiden Schwestern, ob sie ihrer Mutter die Zwangsverheiratung nicht übel genommen hätten. Nein, behaupten sie, »das war einfach so«.

Die vor zehn Jahren gestorbene Mutter wird von all ihren zehn Kindern, drei Töchter und sieben Söhne, tief verehrt. Ihr Stolz, ihre Autorität und ihre Tüchtigkeit sind Legende. Allerdings: Zohra weint bis heute ihrem Beruf als Krankenschwester nach. »Das hat mir großen Spaß gemacht.« Aber ihr Mann, der nette Zahar, hat ihr damals verboten, weiterzuarbeiten. Und er hat ihr auch verboten, alleine aus dem Haus zu gehen. Das hat Zohra so verinnerlicht, dass sie bis heute nicht alleine rausgeht. Der taffe Zahar macht auch die Einkäufe für die Familie. Seit einigen Jahren neigt Zohra zu Stimmungen, ja Depressionen. Die Familie ist ratlos.

Ein Jahr später, April 2017. Ich sitze wieder in der Küche in Beaulieu, einem kleinbürgerlichen Vorstadtviertel von Algier. Diesmal bin ich nicht nur gekommen, um Djamilas Familie zu besuchen, sondern auch, um über »meine algerische Familie« ein Buch zu schreiben.

Bettina Flitner ist mit von der Partie. Sie kennt Algerien länger als ich. Die Fotografin ist mit Djamila seit 1991 befreundet. Damals war sie nach Algerien gereist, um über die heiße Phase – vor den ersten freien Wahlen und dem herannahenden Terror der Islamisten – zu berichten (ihre ahnungsvolle Reportage »10 Tage in Algier« erschien im Februar 1992 in EMMA). Seither hat Bettina den Kontakt zu der Familie gehalten, und sie ist sehr gespannt auf Algier 25 Jahre später.

Eine der sieben Roben

Die Braut tanzt

Alice Schwarzer mit den Männern der Familie

In der Mitte: Djamila

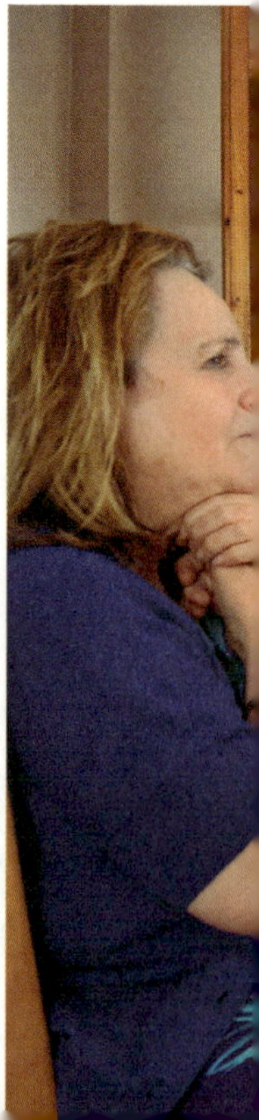

Der Kuckuck kommt an

Ghanou mit zwei Neffen

Mutter, Töchter, Tante

Lilia zeigt den Haik

Heute sind nicht drei Schwestern in der Küche, sondern drei Generationen: Zohra, 68, die Hausfrau; ihre Töchter Mounia, 42, und Lilia, 40, sowie deren Kinder Kamyl, Racime, Malik und Dina. Die Mütter sind wegen der Jüngstgeborenen noch in Mutterschaftsurlaub, der in Algerien vier Monate beträgt (plus einen Monat bei Kaiserschnitt). Etwas später kommen Ghanou und Nesthäkchen Sarah dazu.

Wir sind wieder im Esszimmer und wie immer sitzt die Hausfrau nicht mit am Tisch. Sie rennt zwischen Küche und Esszimmer hin und her. In allen Familien, in denen wir in diesen Wochen essen, kommt die kochende Hausfrau immer erst zum Nachtisch dazu. Und da kein Platz für sie gedeckt ist, zieht sie sich in der Regel einen Stuhl ran und klemmt sich an eine Ecke des Tisches.

Es entspinnt sich ein spontanes Gespräch über das Kopftuch. Die zwei jungen Frauen haben nie Kopftuch getragen, auch nicht in den 90ern, den »Schwarzen Jahren«, in denen der von den Islamisten angezettelte Bürgerkrieg 200 000 Tote forderte. Obwohl das damals lebensgefährlich war, sind sie sogar in die Uni ohne Kopftuch gegangen – und haben sich da als »Schlampen« oder »Huren« beschimpfen und mit dem Tode bedrohen lassen. Einmal sind sie nur ganz knapp einer Autobombe entkommen.

»Früher, vor den Schwarzen Jahren«, sagt ihre Mutter Zohra, die auch nie Kopftuch getragen hat, »war eine Frau mit Kopftuch von gestern. Heute ist es das Gegenteil.« Und Mounia fügt hinzu: »In den 90er-Jahren haben viele Frauen das Kopftuch aus Angst getragen. Und dann haben sie sich daran gewöhnt.«

Lilia, die vorwitzig und ironisch ist, springt auf, holt sich ein Betttuch und eine Serviette und demonstriert spöttisch den Haik, den traditionellen algerischen Ganzkörperschleier. Sie schlingt sich das Laken um Kopf und Körper und klemmt die Enden zwischen die Zähne; die Serviette faltet sie zum Dreieck und knotet sie sich vor Mund und Nase. »Die Frauen im Haik«, kichert sie, »konnten entweder nicht reden oder aber sie hatten die Hände nicht frei. Sie mussten immer den nur lose geschlungenen Haik festhalten.« Der Mutter ist der Spott fast zu viel, schließlich hat deren Mutter noch den Haik getragen, sie guckt streng. Aber Lilia ist das egal.

Es beginnt ein Gespräch über den Unterschied zwischen den Generationen. Die 1923 geborene Großmutter hatte zwischen 1939 und 1962 noch 13 Kinder geboren, drei sind gestorben; das erste Kind bekam sie im Alter von 15. Zohra hat vier Kinder, das erste mit 24. Ihre Töchter Mounia und Lilia haben je zwei Kinder, das erste mit 35 bzw. 31. Beide jedes Mal mit Kaiserschnitt, was durch den Zusatzmonat bei dem knappen Mutterschaftsurlaub gefördert wird. Da spiegelt sich in dieser modernen Familie in Algerien der Trend aller Entwicklungsländer: Je gebildeter und berufstätiger die Frauen sind, umso später bekommen sie Kinder – und umso weniger.

Plötzlich fragt Sarah mich, wieso ich mich eigentlich so für Algerien interessiere. Das Land wäre heutzutage doch sonst nirgendwo angesagt. So sei sie jüngst im Urlaub in Griechenland von einem jungen Mann gefragt worden, wo sie herkomme. Und als sie sagte: »Aus Algerien«, da habe der erstaunt gesagt: »Wo liegt denn das? In Südamerika?« Sie antwortete: »Nein, in Afrika.«

Also erzählte ich meine Geschichte mit Algerien. Die begann so: Als ich 1963/64 als Sprachstudentin zum ersten Mal in Paris lebte, war Algerien, bis kurz zuvor noch französische Kolonie, in aller Munde. Viele der an Freiheit und Gerechtigkeit interessierten Menschen hatten »Die Verdammten dieser Erde« von Frantz Fanon gelesen (Vorwort: Jean-Paul Sartre). Der auf Martinique geborene Psychiater hatte in Paris studiert und war 1953 nach Algerien gegangen. Nach drei Jahren Arbeit im Krankenhaus ging der Arzt in den Untergrund, um im bewaffneten Widerstand »gegen die krank machenden Verhältnisse zu kämpfen«, wie er sagte.

Das Buch erschien 1961, kurz nach seinem frühen Tod und kurz vor der Unabhängigkeit Algeriens 1962. Fanon analysiert darin die Geschichte der unterdrückten Völker exemplarisch am Beispiel Algeriens. Er ruft die »Verdammten« auf zum gewaltsamen Widerstand gegen die Gewalt der Unterdrücker. Es brodelt in ganz Afrika. Fanons Buch wird zur Bibel der Befreiungsbewegungen und der Linken weltweit.

Die Franzosen hatten Algerien ab 1830 kolonialisiert und alle Widerstände blutig unterdrückt. Der Krieg hatte nach algerischen Angaben eine bis anderthalb Millionen tote Algerier gekostet. Und nach französischen Angaben 26700 tote Franzosen, davon 2700 Zivile. Und er hatte ein traumatisiertes, ungebildetes Volk zurückgelassen. 1962 waren 85 Prozent aller AlgerierInnen Analphabeten.

Freunde meines damaligen französischen Lebensgefährten hatten zum Teil noch ihren Militärdienst in Algerien absolvieren müssen. Zwei Millionen dienstverpflichteter Franzosen waren im Algerienkrieg! Sie kamen tief traumatisiert zurück. Denn sie hatten oft nicht nur Grausames erlebt (bzw. sich zuschulden kommen lassen), sondern auch den verächtlichen Umgang der Kolonialherren mit den Algeriern. Noch in den ersten Monaten der Unabhängigkeit gab es von den Ewiggestrigen weiterhin Attentate und Gewalt gegen Algerier und deren französische Sympathisanten, sowohl in Algerien als auch in Frankreich. Rechte Militärs hatten sich Anfang der 60er-Jahre zu der Terrororganisation OAS zusammengeschlossen. Sie wollten verhindern, dass Frankreich Algerien freigibt, und töteten mit roher Gewalt ihre politischen Gegner. 1961 plädierten 75 Prozent der Franzosen bei einer Umfrage dafür, dass Algerien unabhängig wird. 1962 beendete Frankreichs Präsident General de Gaulle die Kolonialzeit und entließ das 132 Jahre besetzte Land in die Unabhängigkeit, gegen den Willen der Rechten und der Algerier-Franzosen.

Als ich in Paris lebte, war Algerien erst seit einem Jahr unabhängig, und der Unmut der aus dem Land verjagten »Pieds-noirs«, der Algerier-Franzosen, noch allgegenwärtig. Für die späteren 68er war der Algerienkrieg das erste Trauma gewesen, noch vor Vietnam, und Grund zur Revolte.

Ende der 60er-Jahre ging ich zum zweiten Mal nach Paris, diesmal als politische Korrespondentin. Als Journalistin war ich spezialisiert auf die kulturellen, sozialen und politischen Folgen der 68er-Bewegung und die Aktivitäten linksradikaler Gruppen. Da war Algerien nicht weit. Nun galt Algerien als »das Mekka der Revolutionäre«. Der afrikanische Freiheitskämpfer Amílcar Cabral erklärte: »Die Muslime pilgern nach Mekka, die Christen in den Vatikan – wir Freiheitskämpfer nach Algier.«

Nach der Befreiung hatte Algeriens erster Staatschef, der Expartisan und charismatische Volksheld Ben Bella, erklärt: »Wir wollen nicht militärisch, sondern politisch siegen.« Und in der Tat, die Algerier gelten bis heute als große Diplomaten, die in vielen Konflikten der Welt vermitteln. Und Ben Bella fügte hinzu: »Wir wollen unseren Allah behalten und schnellstmöglich ein sozialistischer Staat werden.« Das junge Algerien war also der erste Versuch eines islamkompatiblen Sozialismus – und ausgerechnet dieses Land wäre 30 Jahre später beinahe am islamistischen Terror gescheitert.

Der immer freundlich lächelnde Ben Bella war ein begehrter Gast in der ganzen Welt. Man nannte ihn den »afrikanischen Castro«. Zum Empfang bei Präsident Kennedy eilte sogar Jackie herbei, um dem Helden die Hand zu schütteln. Und für dessen anschließenden Besuch auf Kuba ließ Kennedy – trotz Embargo – einen direkten Sonderflug von Washington nach Havanna zu.

Auf Kuba wurde Ben Bella wie ein Superstar empfangen. Tausende säumten die Straßen, Castro und Che Guevara nahmen ihn gemeinsam in Empfang. Algerien war auf dem Höhepunkt.

Später sollte Che Guevara sich über Monate in Algier aufhalten: Er wollte dort eine Zentrale der afrikanischen Freiheitsbewegungen aufbauen. Algerien gewährte zu der Zeit Freiheitsbewegungen aus aller Welt nicht nur Kost und Logis, sondern auch diplomatische Unterstützung und militärische Ausbildung. Alle, alle kamen, über 20 revolutionäre Organisationen. Doch es lief bald aus dem Ruder. Ab Anfang der 70er-Jahre, während des Militärregimes von Colonel Boumedienne, gewährte Algerien den Rebellen aus aller Welt nur noch diplomatische Unterstützung.

Zu der Zeit hatte ich in Paris auch wieder ganz persönlich mit den Folgen des Algerienkrieges zu tun. Diesmal von der anderen Seite her. Denn eine Million Menschen, Algerier-Franzosen und Juden, waren aus ihrer Heimat vertrieben worden, darunter Freundinnen von mir. Sei es, dass sie die Töchter von »Pieds-noirs« waren, Franzosen, die seit Generationen dort gelebt hatten; sei es, dass sie aus jüdischen Familien stammten, die seit ihrem Exodus aus Spanien seit Jahrhunderten dort angesiedelt waren. Den Juden, die immer einen Status zwischen Besetzten und Besatzern gehabt hatten, lasteten die Algerier nun an, sie hätten mit den Kolonialherren »kollaboriert«.

Auch die Familie meiner Freundin Annie war 1962 überstürzt geflohen aus ihrer Heimat. In den 1970ern endete in Paris keine Bouffe, kein gemeinsames Essen des MLF (Mouvement de libération des femmes) ohne Bauchtanz der algerischstämmigen Frauen. Die passende Musik aufgelegt, irgendeinen Schal um die Hüften geschlungen – und los ging es. Bauchtanz-Queen war meine Freundin Annie, die selten ohne ein Dutzend rasselnder Armbänder und dick mit Kajal umrandeten Augen das Haus verließ.

Die Parodien ihrer Großmutter – für die sie sich den Rock zwischen den Beinen zusammenknotete, um die traditionelle Pluderhose zu imitieren – waren legendär. Einmal, bei einem Fest des MLF in der Cartoucherie, dem Gelände des Théâtre du Soleil, stand Annie mal wieder auf der Bühne. Ich stand vor der Bühne, neben mir Ariane Mnouchkine, die Hausherrin und geniale Theatermacherin. Uns beiden liefen die Lachtränen übers Gesicht und Ariane fragte mich: »Mon dieu, wer ist denn das?!« Annie ist dann doch Schriftstellerin und nicht Komikerin geworden.

So wurde die algerische Lebensweise und Kultur ein selbstverständlicher Teil meines Lebens. Mit all ihrer Lebensfreude – aber auch mit der Nostalgie, der Trauer um den Verlust.

Vermutlich hören meine Zuhörerinnen in Algier an diesem Tag im Jahr 2017 durch meine Erinnerungen zum ersten Mal von dem Schmerz der anderen Seite, der 1962 aus ihrem Land verjagten Juden und »Pieds-noirs« (die »Schwarzfüße« hießen, weil sie, im Gegensatz zu den barfuß laufenden Algeriern, Schuhe trugen, schwarze Schuhe).

Am späten Nachmittag brechen wir endlich auf. Es wird in Algerien immer viel, viel länger um den Tisch herumgesessen und geredet als geplant. Bettina und ich fahren mit Djamila nach Tipasa, wo wir die ersten Tage verbringen wollen.

2

Djamila spricht

Es geht in Djamilas weißem VW Polo (»Nur deutsche Autos!«) rasant die Küstenstraße entlang, Richtung Tipasa. Dort hat die jüngst pensionierte Journalistin über ein Vierteljahrhundert lang die Redaktion der algerischen Presseagentur geleitet – mit Unterbrechung der fünf Jahre im Kölner Exil. Neuerdings gibt es eine Schnellstraße von der Hauptstadt in den 70 Kilometer entfernten, bekanntesten Touristenort Algeriens.

Rechts und links Weinfelder, Gemüseanbau, malerische Küsten. Am Straßenrand stehen Fischer und bieten frisch gefangenen Fisch an. Eine Traumlandschaft. Der Club Méditerranée hatte vor Jahren ein Dorf dort ansiedeln wollen und die Bungalows auch schon gebaut, ist aber an der misstrauischen algerischen Bürokratie gescheitert. Seine Berühmtheit verdankt Tipasa den römischen Ruinen am Meer. Der Algerier-Franzose Albert Camus setzte in seinem Roman »Heimkehr nach Tipasa« (1954) der Hafenstadt ein literarisches Denkmal. In Tipasa spiegelt sich die Geschichte Algeriens: Gegründet von den Phöniziern, Militärkolonie der Römer, Stützpunkt der mauretanischen Flotte, christianisiert im 3. Jahrhundert. Und dann lange, lange vergessen.

Auf der Fahrt reden wir über die zeitgenössischen algerischen SchriftstellerInnen. Mir ist aufgefallen, dass unter ihnen kaum noch weibliche Stimmen sind (im Gegensatz zu den 80er- und frühen 90er-Jahren). Haben die Frauen resigniert? Immerhin gibt es inzwischen einige männliche Stimmen, die entschlossen für die Rechte der Frauen eintreten, wie Boualem Sansal oder Kamel Daoud. Die kritische Kolumne von Daoud apropos der Silvesternacht in Köln hatte ich übrigens in meine im Mai 2016 erschienene Anthologie »Der Schock« aufgenommen. Diese Autoren sind nicht nur für eine Gleichberechtigung der Geschlechter – was mehr ist als gewohnt –, sie kritisieren auch scharf die zunehmende Islamisierung ihres Landes. Und die Lethargie ihrer Landsleute.

Ein paar Monate später wird Djamila mir einen Artikel schicken über den Ausschluss nicht zufällig ausgerechnet dieser Schriftsteller von der Buchmesse in Algier im Herbst 2017. Sie ist empört. Inzwischen sind wir in der Hafenstadt Tipasa angekommen. Wir fahren die Einfahrtstraße in die Bucht hinunter.

Djamila wohnt in einem am Hang gelegenen, wenn auch – wie fast alle Häuser in Algerien – recht abgeranzten vierstöckigen Haus, mit Blick auf Hafen und Meer. In ihrer Wohnung, in der ich heute zum dritten Mal bin, scheint die Zeit stehen geblieben zu sein. In der Diele, die gleichzeitig Esszimmer ist, hängt immer noch Che Guevara im ovalen Rahmen und rankt sich dieselbe Topfpflanze um ihn wie vor zehn Jahren. Es ist, als wolle

Djamila die »Schwarzen Jahre« und ihre Exilzeit in den 1990ern vergessen machen und an der Zeit davor anknüpfen, den hoffnungsvollen 1980ern, in denen Che noch ein Held war.

Die Abende verbringt Djamila in ihrem Wohnzimmer zur Südseite, die Vorhänge sind meist zugezogen. Vor der Sonne schützen die Algerier sich in der Regel. An der Wand hängen ein paar gerahmte Fotos und Zeitungsausschnitte: Djamilas erster Artikel mit einem Foto von ihr, im Angela-Davis-Look. Und ein Artikel über sie beim Abschied von der Presseagentur im letzten Jahr im *El Watan,* wo sie als besonders kompetente und mutige Journalistin gefeiert wird. Sowie ein aktuelles Porträt, das neben einem Schwarz-Weiß-Foto der Mutter hängt. Die Mutter trägt das turbanähnlich nach oben geknüpfte Kopftuch und ist traditionell tätowiert: vom Kinn bis zum Haaransatz. Die Ähnlichkeit zwischen Mutter und Tochter ist frappant.

Der spektakulärste Ort in Djamilas Zwei-Zimmer-Küche-Bad-Wohnung ist die Terrasse. Am nächsten Tag sitzen wir auf dieser Terrasse, vor uns der Ausblick, den schon die Römer zu schätzen wussten, zwischen uns auf einem wackeligen Tisch eine Flasche Wasser und eine Flasche Wein. Die habe ich mitgebracht. Als die Nachbarin klingelt – und zu meiner Begrüßung köstliche kleine warme Käseravioli bringt –, versteckt Djamila flugs die Flasche unter dem Tisch. Denn: »Wein ist haram«, ist Sünde. Und sie erklärt mir:

»

Djamila spricht:

Es ist verrückt, aber weißt du, Alice, woran man heute in Algerien erkennt, wer wo politisch steht? Am Alkohol und am Kopftuch.

Früher haben wir in Algerien, das ja berühmt war für seinen

Weinanbau, Alkohol getrunken wie ihr. Ziemlich unabhängig davon, ob jemand gläubig war oder nicht. Und auch der traditionelle Schleier, der Haik, wurde zwar noch von Frauen auf dem Land oder in besonders konservativen Milieus getragen; aber Frauen wie ich, moderne berufstätige Frauen, dachten im Traum nicht daran, jemals ein Kopftuch zu tragen. Mein Vorbild war als Studentin Angela Davis, entsprechend sah ich aus: Jeans und ein gewaltiger Krauskopf.

Heute aber sind Alkohol und Kopftuch die Zeichen, an denen wir Algerier uns erkennen, die uns trennen oder zusammenschweißen. Jeder, der noch in Gegenwart anderer trinkt, ist mit Sicherheit kein Islamist. Und jede, die es noch wagt, mit unbedecktem Kopf auf die Straße zu gehen, ist mit Sicherheit keine Islamistin. Bei allen anderen ist Vorsicht geboten. Jedenfalls für uns, die Nichtislamisten.

Gleichzeitig aber – und das ist das Verrückte – ist das Kopftuch eine Befreiung für viele Algerierinnen. Früher gingen nur Studentinnen und berufstätige Frauen unbegleitet von Männern auf die Straße. Heute sind die Frauen mit Kopftuch überall zu sehen, auch Hausfrauen und Orthodoxe.

Mein Großvater mütterlicherseits hatte neun Frauen. Er hat meine Mutter mit 15 verheiratet. Mein Vater war ein Bauernsohn ohne Land. Die Franzosen hatten das Land der algerischen Bauern enteignet, also ging er wie seine Brüder als Bauarbeiter nach Frankreich. Er hatte nie eine Schule besucht und sprach nur Arabisch.

In Frankreich lebte mein Vater in einem Arbeiterheim in Corbeil bei Paris. Sie waren zu sechs oder acht Männern in einem Schlafraum. Oft waren die Baustellen bis zu hundert Kilometer entfernt. Und wenn er nicht abgeholt wurde, musste er sich alleine durchschlagen. Er richtete sich beim Umsteigen nach den Werbeplakaten an den Haltestellen – aber wenn die wechselten, war er verloren.

Einmal im Jahr kam er nach Hause, zu meiner Mutter. Die wurde quasi jedes Mal schwanger. Wir sind zehn Kinder, sieben Jungen und drei Mädchen. Wenn sie ein Mädchen bekam, wehklagte sie laut. Sie fand, dass Mädchen es zu schwer haben auf dieser Welt. Sie hatte lieber Jungen. Ich bin 1952 zur Welt gekommen, als letztes von drei Mädchen.

Auch meine Mutter war Analphabetin. Was sie nie zugegeben hat. Sie hat sich geschämt. Aber sie hat uns alle zehn durch die Schule bis zur mittleren Reife oder gar bis zum Abitur gebracht! Zwei von uns haben studiert, mein ältester Bruder Hocine und ich. Wenn meine Mutter uns die Aufgaben abhörte, hat sie manchmal das Heft verkehrt herum gehalten. Wir haben trotzdem lange nicht begriffen, dass sie gar nicht lesen konnte.

Meine Mutter war eine sehr starke, stolze Frau. Wir haben sie alle respektiert und ihr aufs Wort gehorcht. Als mein Vater aus Frankreich zurückkam, konnte sie sich nicht mehr fügen in das Leben einer algerischen Ehefrau. Sie hat sich 1977 tatsächlich scheiden lassen. Sie behauptete, er hätte sie geschlagen. Aber unter der Hand wurde getuschelt, sie habe nicht mehr mit ihm schlafen wollen. Wahrscheinlich stimmt beides.

Meine beiden ältesten Brüder, Hocine und Amar, waren im Widerstand. In unserer Heimatregion Sétif hat ja alles angefangen. Im Zweiten Weltkrieg hatten die Franzosen den Algeriern, die mit ihnen an der Front gegen die Deutschen gekämpft hatten, die Unabhängigkeit versprochen. Aber daraus wurde nichts. Sie hatten uns reingelegt. Daraufhin kam es 1945 in Sétif zu einem ersten Aufstand. Die Franzosen reagierten mit extremer Brutalität: Innerhalb von nur einer Woche töteten sie in der Region von Sétif 45 000 Menschen! Fünfundvierzigtausend. In den französischen und internationalen Medien war das noch nicht einmal eine Meldung.

Neun Jahre später, 1954, kam es zu erneuten Aufständen in Sétif. Sie wurden zum Zündfunken unseres Befreiungskrieges. Der ging über acht Jahre, bis zur Unabhängigkeit 1962.

Ich war 1954 zwei Jahre alt und wuchs zu einem artigen kleinen Mädchen heran. Ich brachte gute Noten nach Hause und half der

Mutter eifrig im Haus. Die stand in der Regel mitten in der Nacht auf, gegen zwei Uhr, um alles zu schaffen: Wäsche waschen, Brot backen, Teppiche weben. Im Sommer haben wir Mädchen zusammen mit der Mutter und Nachbarinnen den Couscous für das ganze Jahr gerollt. Und die Mutter hat ihre Teppiche verkauft. Wir lebten hauptsächlich von dem wenigen Geld, das mein Vater nach Hause schicken konnte.

Ich bin das jüngste Mädchen. Nach dem Abitur sollte ich heiraten. Aber ich wollte nicht, ich wollte studieren. Jetzt gingen die Probleme mit meiner Mutter los. Eigentlich hatte ich Englisch studieren wollen. Aber da war kein Platz mehr frei. Also schrieb ich mich an der Universität von Algier heimlich für Journalismus ein. Das war 1972. Meine Mutter versuchte mit allen Mitteln, mir das Studium zu verbieten. Da bin ich in den Hungerstreik getreten.

Mein Bruder Amar und meine Schwester Zohra haben mich unterstützt. Zohra, die damals als Krankenschwester arbeitete, ist sogar so weit gegangen zu sagen: Okay, dann verheirate mich – aber lass Djamila studieren. Schließlich gab meine Mutter nach.

Meine Schwester Zohra sah ihren Mann am Tag der Hochzeit zum ersten Mal. Er kam aus unserer Region, aber lebte in Algier, was den Vorteil hatte, dass ich als Studentin bei meiner Schwester wohnen konnte. Abends weinten wir zusammen. Ich, weil ich verloren war in der großen Stadt; sie, weil ihr Mann ihr nicht gefiel.

Doch allmählich blühte ich auf. Es war eine Wahnsinnszeit! Algerien war in den 60er- und 70er-Jahren das Mekka aller Befreiungsbewegungen in der ganzen Welt.

Alle, einfach alle kamen zu uns, um von uns zu lernen: Wie hatte Algerien es geschafft, sich aus eigenen Kräften vom Kolonialherren zu befreien?! Und dann auch noch einen sozialistischen Weg zu gehen? Che Guevara, Mandela, Eldridge Cleaver – alle, alle kamen nach Algerien. Manche lebten für einige Zeit bei uns, denn unser erster Präsident, Ben Bella, und auch das Boumedienne-Regime danach unterstützten die revolutionären Befreiungsbewegun-

gen in der ganzen Welt: mit Geld, Know-how und politischer Ermutigung.

Ich erinnere mich, einmal gab es in Algier ein panafrikanisches Kulturfest. Das war fantastisch. Ich sehe noch die afrikanischen Tanzgruppen durch die Straßen ziehen: die Frauen mit bloßem Oberkörper und wogenden Brüsten – und am Rand standen die staunenden Algerierinnen; die älteren und die Frauen vom Land noch im Haik mit dem Voilette, dem weißen Halbschleier vor dem Gesicht.

Mein Bruder Hocine, der Journalist ist, nahm mich überall mit hin. Es war wie ein Rausch. Ich weiß noch, als wäre es gestern gewesen, wie wir in einem Konzert von Nina Simone waren. Die stand nicht etwa auf der Bühne, sondern mitten im Saal, unter uns, und sang los. Und Miriam Makeba sang sogar auf Arabisch! Wir waren alle außer Rand und Band. Unser Traum wurde wahr. Die Rebellinnen wie ich waren alle in die Black Panther verliebt, die mit einem Tross ihrer Groupies durch Algier zogen.

Gleichzeitig aber begann schon in den frühen 1970er-Jahren unser Unglück, schleichend, niemand hat es gemerkt. Es kam in Gestalt unserer Arabischlehrer zu uns. Das war die Zeit des blühenden Nationalismus, in der viel von unseren »Wurzeln« die Rede war. Weg von der Sprache und Kultur des gehassten Kolonialherrn und hin zu »unseren Wurzeln« – die es in Algerien, wo über Jahrtausende ständig die Besatzer gewechselt hatten, in Wahrheit gar nicht gibt. Wir sind ein Konglomerat vieler Völker und Kulturen.

Doch jetzt sollte das ganze Land arabisiert werden. Also schickten uns die mit Algerien befreundeten Staatschefs wie Nasser in Ägypten und Assad in Syrien (der Vater des heutigen Assad) Arabischlehrer. Doch diese Lehrer brachten nicht nur die arabische Sprache an unsere Schulen und Unis, sondern auch die islamische Ideologie. Da fing es an: mit den ersten Gebetsräumen an der Uni. Aber wir nahmen das nicht ernst. Wir fanden das eher komisch. Wir erkannten die Gefahr nicht.

Zwanzig Jahre später sollte das in einer totalen Katastrophe enden: mit über 200 000 Toten in dem von den Islamisten angezettelten Bürgerkrieg. Aber das ahnten wir damals noch nicht.

1979 starb Präsident Boumedienne, einer der sozialistischen Colonels, die Algerien in die Unabhängigkeit geführt hatten. Er war gerecht, aber streng gewesen. Vielleicht zu streng. Wir begannen, am Sozialismus zu zweifeln.

Zehn Jahre später sind wir uns dann zum ersten Mal begegnet, Alice. 1989 in dem Seminar in Tunis. Das sollte mir letztendlich das Leben retten. Damals war ich zwar schon in großer politischer Sorge, der Erste Golfkrieg stand bevor. Doch ich ahnte noch nicht, was kommen würde. Niemand ahnte es.

Hinter uns lag gerade der sogenannte »algerische Frühling« von 1988. Losgegangen war das bei der Jugend in der Kabylei, bei den Berbern. Rasch erreichte es die Hauptstadt. Demonstrationen und Streiks gegen die Regierung, gegen das erstarrte sozialistische Militärregime. Doch es lief genauso ab wie 23 Jahre später der »Arabische Frühling«. Wir wollten einfach mehr Demokratie und mehr Freiheit. Aber die Islamisten haben sehr schnell das Ruder der Aufstände übernommen. Sie waren einfach besser organisiert und stärker. Und sie wollten nicht mehr, sondern weniger Demokratie. Sie wollten den Gottesstaat.

Ich arbeitete damals in der Zentrale der APS, der staatlichen algerischen Presseagentur, mitten in Algier. Die Proteste spielten sich direkt vor unseren Fenstern ab, auf der Meerespromenade. Wir, meine Kolleginnen und ich, waren begeistert und rannten runter. Wir wollten mit demonstrieren, wie das für uns Frauen einige Jahre zuvor noch selbstverständlich gewesen war. Na, das hättest du mal sehen müssen, was da abging. Die Demonstranten haben uns regelrecht verjagt. Frauen gehören nicht auf die Straße, sie gehören ins Haus!

Auf die Proteste von 1988 folgte immerhin eine leichte politische Öffnung. Doch das nutzte nicht uns, den Demokraten, sondern es *nutzte den Islamisten. Denn die waren organisiert und wussten genau, was sie wollten. Und sie wurden mit Millionen Petrodollars aus dem Ausland unterstützt.*

Das einzige Positive an der 88er-Revolte war, dass sie auch die Journalisten infiziert hatte. Der Wunsch nach einer freien Presse regte sich. Und auch wir Journalistinnen schöpften Hoffnung.

Es folgten 1991 die ersten freien Wahlen – mit dem Resultat, dass im ersten Wahlgang der FIS, der Front islamique du salut, die meisten Stimmen bekam von dem durch unsere postsozialistische Militärregierung vernachlässigten Volk. Wie bei euch 1933 die Nationalsozialisten. Doch bevor sie die Islamisten an die Macht ließen, beließen die Generäle es lieber beim alten autokratischen Militärregime. Der Versuch der Demokratisierung war gescheitert. Aber der des Gottesstaates auch. Inschallah.

Und dann begann der Alptraum. Viele unter den Islamisten waren sogenannte »Afghanen«, also Männer, die in Afghanistan zusammen mit den Taliban gegen die sowjetischen Besatzer gekämpft hatten. Sie waren von den Amerikanern unterstützt und mit Waffen ausgestattet worden. Die Anführer in Algerien waren dieselben mordenden Söldner wie einst in Afghanistan oder Tschetschenien. Die waren jetzt zu uns gekommen. Sie kannten sich aus im bewaffneten Kampf, agitierten nun in Algerien die Loser und Fanatiker und gingen in den Untergrund.

1993 lag der erste tote Journalist da. Es sollten weitere 120 innerhalb von fünf Jahren folgen. Und wenn ich in Tipasa, wo ich nun die Redaktion der APS leitete, durch die Straßen ging, zischten sie Sätze hinter mir her wie: »Wie, du bist immer noch am Leben? Nicht mehr lange. Dann gehört dein Auto mir. Und ich ziehe in dein Appartement ein.« Mit den Journalisten fingen sie an. Dann kamen die Polizisten an die Reihe. Es folgten die Intellektuellen, die Künstler, kurzum alle, die ihnen nicht passten. Ein Klima der Angst verbreitete sich.

Sie installierten Autobomben, warfen Molotowcocktails in Schulen und Postämter, schnitten den Menschen die Kehle durch, entführten Tausende junge Frauen in die Berge. Dort vergewaltigten sie sie, und wenn sie schwanger waren, schlitzten sie ihnen den Bauch auf. Manche verhetzten jungen Islamisten haben sogar ihre eigenen Eltern umgebracht. Nicht nur das Land, ganze Familien waren zerrissen.

Ich saß jeden Abend bang vor dem Fernseher: Morde, Morde, Morde. In Algerien herrschten in den 90er-Jahren Verhältnisse wie heute in Syrien. Aber keiner wollte es wahrhaben. Alle guckten weg. Wir waren allein.

Erinnerst du dich, Alice? In der Zeit hast du mich jeden Abend angerufen: Ob ich noch lebe. Und dass ich nach Deutschland kommen soll! Meine Nachbarin, die damals noch unverheiratet war, schlief jede Nacht bei mir – oder ich bei ihr. Und die Polizei gab mir ihre Durchwahlnummern.

1993 war ich dann zu Besuch bei dir in Köln – und war schockiert. Ich konnte es gar nicht glauben. Alle bedauerten die »armen Islamisten«. Die würden ja so unterdrückt vom Regime. Aber niemand sprach von uns, von ihren Opfern. Ich verstand nichts mehr. Bis dahin hatte ich geglaubt: Wir Algerier sind nicht allein, die Demokraten der ganzen Welt halten zu uns. Aber das Gegenteil war der Fall.

Zurück in Tipasa wagte ich mich kaum noch auf die Straße. Auch in meiner eigenen Wohnung war ich nicht mehr sicher. Man konnte sich auf niemanden mehr verlassen, auch nicht auf die Nachbarn. Jeder konnte zu ihnen gehören. Morgens, wenn ich zum Auto ging, ging meine Nachbarin vor, um zu gucken, ob die Luft rein ist – oder ob irgendwo jemand auf mich lauerte.

Hätten sie mich umgebracht, kein Hahn hätte nach mir gekräht. Niemand wäre zur Rechenschaft gezogen worden.

Irgendwann war ich so gelähmt vor Angst, dass ich nicht mehr schlucken konnte. Du hast mich dann 1994 nach Deutschland ge-

holt. Ich bin fünf Jahre geblieben. Und du hast es sogar geschafft, mir einen Job bei der Deutschen Welle in Köln zu vermitteln.

In diesen Jahren in Deutschland ist mir quasi ausschließlich die Version der Islamisten entgegengeschallt. Alle Medien waren pro Islamisten. Die Linken sowieso. Ganz wie später auch im sogenannten »Arabischen Frühling«. Die Islamisten waren für sie verkannte »Rebellen«, und die einzigen Mörder waren die Militärs. Und wenn ich gesagt habe: Ich komme aus Algerien; ich kann euch erzählen, was da los ist; es ist nämlich ganz anders – dann hat mir niemand geglaubt.

Am Ende dieses von den Islamisten angezettelten Bürgerkrieges hatten wir über 200 000 Tote – und ein tief traumatisiertes Land. Bis heute.

Im April 1999 wagte die Militärregierung einen zweiten Anlauf für freie Wahlen. Bouteflika vom FLN (Front de Libération Nationale) wurde zum Präsidenten gewählt, ein ehemaliger Gefährte von Ben Bella und Boumedienne. Er ist heute noch an der Macht.

Bouteflika lancierte damals eine Volksbefragung, und die Mehrheit stimmte für die sogenannte Réconciliation, die Versöhnung. Man bot 1999 allen Islamisten im Untergrund Straffreiheit an, so sie sich wieder in die Zivilgesellschaft integrieren. Das orientierte sich an Mandelas Modell in Südafrika. Es hat uns gerettet. Trotzdem ist es bitter, dass all diese Mörder jetzt frei herumlaufen – und so mancher heimlich weiter einen algerischen Gottesstaat anstrebt.

Ich bin 1999 nach Algerien zurückgegangen, habe meine Arbeit bei der APS wiederaufgenommen und mein Appartement in Tipasa bezogen, um das sich meine Brüder gekümmert hatten. Nun aber bekam ich einen zweiten Schock: Fast alle Frauen trugen plötzlich Kopftuch. Auch meine Kolleginnen in der Redaktion. Ich war so verunsichert, dass ich morgens, bevor ich zur Arbeit ging, manchmal drei-, viermal das Kleid gewechselt habe, weil ich nicht mehr wusste, was ich überhaupt noch anziehen konnte. Das ging ein halbes Jahr lang so. Dann habe ich mich entschlossen: Ich bleibe die, die ich bin.

Allerdings: Am Strand einfach so baden gehen wie früher, das kann ich nicht mehr. Da lagern Familienclans mit Männern in Badehosen und Frauen im Burkini oder sogar Ganzkörperschleier. Die wenigen Male, in denen ich noch im Badeanzug ins Wasser gegangen bin – vom Bikini ganz zu schweigen –, haben mich dunkle Blicke getroffen. Baden gehen wir Frauen nur noch, wenn meine Familie aus Algier da ist, und dann frühmorgens, wenn niemand am Strand ist.

Nach diesen Jahren des Terrors und der Angst klammern die Menschen sich an den Glauben. Aber nicht an den toleranten Glauben, den wir früher praktiziert haben, sondern an den rigiden, der von den Islamisten nach Algerien importiert wurde. Selbst meine früher so lebenslustige Nachbarin, die inzwischen einen sogenannten »moderaten Islamisten« geheiratet hat, ist heute verschleiert und betet fünfmal am Tag. Und viele Frauen wollen plötzlich nicht mehr berufstätig sein oder gehen in den vorgezogenen Ruhestand.

Aber wir Algerier haben verstanden, dass die Islamisten lügen, betrügen und morden. Die Menschen vertrauen ihnen nicht mehr. Darum haben die Algerier sich auch im sogenannten »Arabischen Frühling« 2011 klug zurückgehalten. Jetzt sehen wir, was daraus geworden ist: ein Chaos, von dem nur die Islamisten profitieren.

Früher hatte ich viele Freundinnen und Freunde. Doch die gibt es nicht mehr. Sie sind tot oder im Exil. Früher konnte man ganz selbstverständlich in einer Weinhandlung in Tipasa oder Algier Wein kaufen. Auch das geht nicht mehr. In ganz Tipasa serviert heute nur noch ein einziges Lokal Wein. Und in der Hauptstadt haben 90 Prozent aller Weinhandlungen geschlossen.

Die Islamisten haben nicht die politische Macht erobert, aber sie haben die Köpfe erobert. Über das schlechte Gewissen. Die Menschen sind eingeschüchtert und haben Angst. Auch solche, die vor den Schwarzen Jahren nicht streng religiös waren, pilgern heute nach Mekka. Es ist unglaublich, aber: Eines der letzten Symbole des Widerstandes gegen die religiösen Fanatiker ist heute der Alkohol.

3

Der Muezzin und die Polizei, römische Ruinen und Couscous

Am nächsten Morgen weckt uns der Muezzin. Nein, mitten in der Nacht, um vier Uhr. Angeblich erschallt sein erster Ruf zum Gebet bei Sonnenaufgang. Aber es ist noch tief dunkel. »Allahu akbar! – Gott ist der Größte. Es gibt nur einen Gott, und Mohammed ist sein Prophet«, schallt es durch die Bucht von Tipasa. Auf Arabisch, versteht sich. Der Singsang hat etwas Poetisches. Und es wäre noch poetischer, wenn der Ruf nicht via Lautsprecher käme.

»Die Lautsprecher sind eigentlich verboten«, erklärt uns Djamila, »aber sie tun es einfach.« Und während sie sich, Auge in Auge mit Che, noch eine zweite Tasse Kaffee eingießt, murmelt sie: »Es ist komisch. Aber das, was ich in Köln am meisten vermisst habe, ist der Muezzin.« Djamila ist einer der ganz wenigen Menschen in Algerien, die offen sagen: »Ich bin nicht gläubig.«

Wir bummeln runter zum Hafen, der zehn Fußminuten entfernt ist. Ohne uns würde Djamila sich dafür in ihr Auto setzen. Alte Gewohnheit. Sicherheitsfrage. Das Städtchen hat sich stark verändert im Vergleich zu meinem letzten Besuch vor zehn Jahren. Damals waren die Straßen noch wie leer gefegt. Nur an einer windigen Ecke drückten sich zwei, drei Prostituierte herum (die ich als solche auch nur erkannt hatte, weil Djamila mich darauf aufmerksam gemacht hatte). Und am Quai waren Djamila, ihr Kollege und ich fast allein.

Heute tummeln sich im Zentrum und am Hafen viele Menschen, darunter algerische Touristen aus Blida oder Oran und aus der Kabylei, der rebellischen Bergregion im Osten. Die Kabylinnen sind gleich zu erkennen: an ihrer bunten Tracht, ihrer selbstbewussten Haltung und ihrem offenen Blick. Die algerischen Frauen schauen einem nicht in die Augen, versuchen sich unsichtbar zu machen. Auch die algerischen Männer sind eher verschlossen und spröde.

An diesem Freitag, dem muslimischen Sonntag, sind viele Schulklassen unterwegs, Mädchen und Jungen immer getrennt. In den Mädchengruppen tragen zwei von drei Kopftuch. So manches Mal sind eine mit und eine ohne Kopftuch beste Freundinnen und gehen Hand in Hand. Die verschleierten Mädchen verhalten sich anscheinend nicht weniger selbstbewusst als die anderen.

Im Hafen gibt es jetzt Fischerstände, wo fangfrischer Fisch angeboten wird, erste Auswirkungen einer zaghaften Privatisierung. Und in dem Hafenrestaurant *Dauphin,* das so genauso gut an einer französischen oder portugiesischen Küste stehen könnte – nur Wein wird hier nicht serviert –, werden Berge von gegrillten Gambas aufgetischt, frisch aus dem Meer gegenüber. Wo gibt es denn in Europa noch so was?!

Gleichzeitig macht das Städtchen einen stark vernachlässigten Eindruck. Überall Berge von Müll und Plastik. Und selbst im Zentrum wird wild gebaut. Geht den Leuten das Geld aus, lassen sie den Bau einfach halb fertig stehen. Diese Übel verunstalten das ganze Land: der Müll und die Bauruinen. Was wohl auch noch die Folge der »Heimatlosigkeit« und »Entwurzelung« (Pierre Bourdieu) der Algerier ist: durch die systematische Enteignung der Bauern ab dem 19. Jahrhundert, den Krieg und die Massenumsiedlungen in den 1950er-Jahren. 2157000 AlgerierInnen wurden während des Krieges vom Kolonialherren vom Land in große Lager umgesiedelt, ein Viertel der Bevölkerung. So wurden der Widerstand und die kulturellen Traditionen gebrochen.

Für Mittag haben wir einen Tisch im *Dauphin* reserviert. In dieses Restaurant reisen Gourmets bis aus Algier an, und heute, am Freitag, dem muslimischen Sonntag, stehen die Leute bis auf die Straße Schlange. Wir bekommen einen der begehrten Tische am Fenster, mit Blick auf Hafen und Meer. Was vermutlich auch der noch nachhaltenden Autorität von Djamila zu verdanken ist, die bis zu ihrer Pensionierung vor ein paar Monaten die Leiterin der für die ganze Region zuständigen Presseagentur war. Den scharfen Blick dazu hat sie immer noch drauf.

Wir planen heute eine subversive Aktion. Wir haben in meiner Handtasche eine tiefgekühlte Flasche Weißwein versteckt, ummantelt von einer Plastiktüte. Unser Tisch ist zum Glück der äußerste an der Wand, und ich bugsiere mich in die Ecke, da kann ich besonders gut aus meiner Handtasche einschenken. Selten hat uns ein Weißwein zu gegrillten Gambas so gut geschmeckt! Als wir nach über einer Stunde aufstehen, haben wir nicht nur köstlich gegessen, wir haben uns auch königlich amüsiert. Nur Djamila ist es noch ein wenig bang: »Glaubt ihr wirklich, die haben nichts gemerkt?« – »I wo! Und wenn, war es ihnen egal.«

Am Nachmittag schlendern wir zu den römischen Ruinen. Djamila bekommt als stadtbekannte Journalistin am Eingang ungefragt einen Rabatt, von dem wir gleich mit profitieren. Bettina ist beeindruckt: »So eine antike Anlage habe ich noch nie gesehen«, staunt die Kölnerin und erfahrene Italienreisende. In der Tat: Die direkt am Meer auf drei Hügeln erbaute ehemalige römische Stadt zieht sich über mehrere Quadratkilometer. Viele Grundmauern und geköpfte Säulengänge sind noch erhalten. Das Terrain soll Weltkulturerbe werden – dass es das immer noch nicht ist, ist eigentlich ein Skandal.

Im Gelände stoßen wir auf eine Truppe sehr übermütiger junger Frauen, die nach einem mitreißenden Raï aus dem iPhone singen und tanzen. Sie kommen aus dem als besonders lebenslustig geltenden Oran, der Küstenstadt im Westen. Und als sie hören, dass wir Deutsche sind, zücken sie ihre Handys und befreunden sich mit Bettina und EMMA auf Facebook.

Auch der junge Mann, der allein auf einem Mäuerchen am Ufer sitzt und melancholisch aufs Meer gen Norden schaut, reagiert spontan positiv auf uns. Die Deutschen sind beliebt, ja geschätzt bei den Algeriern – wie schade, dass es nicht auch umgekehrt so ist. Wir haben den Ruf, tüchtig zu sein und fleißig. »Bei den Algeriern hingegen«, hatte mir ein Algerier selbstironisch gesagt, geht es eher »doucement le matin et pas trop vite le soir« (behutsam am Morgen und nicht zu hastig am Abend).

Der junge Mann auf dem Mäuerchen erzählt uns, dass er Betriebswirtschaft studiere und davon träume, nach Europa zu gehen, am liebsten nach Frankreich. Oder nach Deutschland. Warum? »Weil ich hier keine Perspektive habe«, sagt er. Wir reden ihm gut zu, es doch in seinem Land zu versuchen. »Bei uns gibt es auch Arbeitslose«, sage ich. »Und es ist nicht alles Gold, was glänzt.« Ich bin selber wenig überzeugt und habe nicht den Eindruck, dass er mir glaubt.

Wir schlendern weiter durch das malerische Terrain Richtung Camus-Denkmal, das steht am westlichen Rand auf einem Hügel. Hier soll der Schriftsteller viele Stunden mit Blick aufs Meer sinniert haben. Und siehe da: Exakt an derselben Stelle wie vor einem Jahr, nämlich gleich hinter der Ruine der christlichen Basilika, tauchen zwei Wärter wie aus dem Nichts auf und weichen nicht mehr von unserer Seite. Sie begleiten uns bis zu dem Gedenkstein, lassen uns ein paar Minuten Zeit und fordern uns dann höflich, aber sehr bestimmt auf, wieder zurückzugehen. »Wir bitten Sie um Verständnis«, sagen sie. »Es ist zu Ihrer eigenen Sicherheit.«

Hinter dem geschützten Gelände beginnt der Maquis, ein undurchsichtiges Gestrüpp, in das sich schon früher die Partisanen zurückgezogen hatten. Heute sind da letzte versprengte Trüppchen terroristischer Islamisten versteckt. Die meisten sind bei der Réconciliation 1999 ins zivile Leben zurückgekehrt, aber einige kämpfen weiter im Untergrund. Wir sind dankbar für die Umsicht der Wärter und gehen zurück, etwas schnelleren Schrittes.

Am Abend hocken wir zu dritt auf Djamilas Sofa und schauen die Nachrichten in dem französischen Sender Tele 5. Das lerne ich in diesen Wochen: Alle Menschen in Algerien, einfach alle, gucken ausschließlich französisches Fernsehen. Egal, wie sie zu Frankreich stehen. Außer mir, die ich energisch nach dem algerischen Staatssender verlange, guckt den niemand. Bald verstehe ich auch, warum.

Mich erinnert das postsozialistische algerische Fernsehen fatal an das postsozialistische burmesische: Wichtige Männer schütteln anderen wichtigen Männern die Hände; wichtige Versammlungen werden mal mit einem Schwenk von vorne, mal mit einem von hinten gezeigt; wichtige Männer palavern in langen, starren Einstellungen. Öde, öde, öde. Eben die Selbstdarstellung eines Regimes, das noch nicht begriffen hat, dass es von gestern ist. Aber dennoch erstaunlich im Jahr 2017. Schließlich ist Algerien doch nicht aus der Welt.

Aber jetzt: Breaking News auf Tele 5. Ein Attentat auf den Champs-Élysées. Ein Toter, drei Verletzte. Der Täter hatte eine Kalaschnikow in den Händen und zwei große Küchenmesser in der Tasche plus einen Koran und ein Bekennerschreiben zum IS. Er wird in dem Feuergefecht mit der Polizei erschossen. Ziemlich rasch stellt sich heraus: Er heißt Karim Cheurfi, ist 28 Jahre alt, in Frankreich geboren, vielfach vorbestraft – und algerischer Herkunft. In der Folgeberichterstattung erfahren wir: Der tote Franzose von heute ist der 238ste seit 2015 bei Attentaten mit islamistischem Hintergrund.

Wir schweigen alle drei bedrückt. Irgendwann murmelt Djamila: »Das ist wirklich schrecklich. Aber wir hatten in den 90er-Jahren über 200 000 Tote durch Täter mit islamistischem Hintergrund – und das hat niemanden interessiert.«

Der Stachel sitzt tief.

Vier Uhr. Der Muezzin reißt mich mal wieder aus dem Schlaf. Ich dämmere noch ein wenig weiter, doch für sieben Uhr ist Frühstück angesagt. Heute kommt Ahmed Ouyahia, der zweite Mann im Staat nach Präsident Bouteflika, zur Wahlveranstaltung. Der Kabyle ist der Vorsitzende des Rassemblement National Démocratique (RND), die zweitstärkste Partei nach der staatstragenden FLN.

Es gibt 65 Parteien in Algerien, zehn davon sind offen islamistisch. Die Wahlen sind frei, aber die Wahlbeteiligung ist im Keller. Die resignierte Bevölkerung interessiert sich einfach nicht mehr für Politik. Bei den Wahlen im Mai 2017 werden ganze 38 Prozent zur Wahl gehen (fünf Jahre zuvor waren es noch 43 Prozent). Ouyahia könnte, munkelt man, nach dem Tod von Bouteflika Präsident werden. Den 80-jährigen Bouteflika umweht bis heute der Nimbus vom Unabhängigkeitskampf. Er war schon Minister unter Colonel Boumedienne, dem Nachfolger von Ben Bella. Aber es heißt, er wäre schwer krank und würde von Dritten manipuliert.

Das kleine Tipasa ist mit Wahlplakaten zugepflastert. Ein Kopf, eine Parole, basta. Unter den zahllosen Kandidaten ist auch eine Handvoll Kandidatinnen. Die haben zwar auch einen Kopf – aber sie haben oft kein Gesicht. Das ist bei den islamistischen Parteien unkenntlich gemacht, ausgelöscht, nach dem Motto: Eine anständige Algerierin zeigt nicht ihr Gesicht. Immerhin gab es Proteste dagegen und viel Hohn und Spott in den Medien. Gerade werden die ersten Plakate geklebt, auf denen auch die islamistischen Kandidatinnen ein Gesicht haben dürfen.

Wir machen uns auf zum Veranstaltungsort, eine riesige, kastenartige Sporthalle inmitten eines kahlen, unwirtlichen Geländes. Djamila will über die Wahlversammlung berichten. Sie arbeitet heute als Freie für eine oppositionelle Tageszeitung. Als wir uns dem Eingang der Halle nähern, treffen uns hocherstaunte Blicke. Fremde? Was wollen die denn hier? Djamila bekommt kalte Füße und bittet uns, ins nächste Café zu gehen und sie in einer halben Stunde abzuholen.

Im Café an der Ecke sind die Blicke nicht minder erstaunt. Zwei Frauen? Was wollen die denn hier? In fast allen Cafés in Algerien – bis auf die im Zentrum von Algier – sitzen ausschließlich Männer. (Neulich habe ich das übrigens auch in einer südfranzösischen Kleinstadt gesehen, das Publikum: Franzosen und Araber.) Aber wir lassen uns nicht einschüchtern. »Deux thés à la menthe, s'il vous plait. Und noch zwei von diesen köstlichen kleinen Kuchen dazu.« Einige Männer nicken uns lächelnd zu. Aber an unseren großen Tisch setzt sich keiner dazu.

Am Nebentisch nehmen zwei Herren Platz, die wir nachher wiedersehen werden. Aber das wissen wir da noch nicht.

Sodann brechen wir auf zur Wahlveranstaltung, um Djamila abzuholen. Und nun werden wir eine Geschichte erleben, bei der wir zunächst nicht wissen, ob wir lachen oder weinen sollen. Wir kamen uns vor wie im Film, wie in einem schlechten Film.

Vor der Halle: keine Djamila zu sehen. Da erfasst den Türsteher Mitleid. Zögernd rät er uns, doch einfach reinzugehen und nach Djamila zu suchen. Gesagt, getan. Wir waren eh neugierig. In der Halle: ein paar Hundert Männer; oben auf dem Balkon: ein paar Dutzend Frauen. Wie in der Moschee oder in der Synagoge. Wir entdecken Djamila rasch, bleiben noch ein paar Minuten stehen und verlassen dann zusammen die Veranstaltung. Wir haben es eilig. Wir sind nämlich für mittags in dem eine Autostunde entfernten Cherchell zum Couscous eingeladen.

Doch da haben wir die Rechnung ohne die (Geheim-)Polizei gemacht. Ein alerter Jüngling in Zivil holt uns ein und fragt nach unseren Pässen. Kein Problem, wir zücken sie bereitwillig. Nur Djamila ist genervt. Was soll denn das! Die beiden sind meine Gäste. Der Alerte lässt sich nicht beeindrucken. Jetzt kommen noch andere Zivile dazu, darunter die beiden Herren vom Nebentisch im Café, und eine Frau: stark geschminkt, Ohrringe, Kostümchen, High Heels, breites Lächeln. Nie im Leben hätte ich gedacht, dass das eine Polizistin ist.

Unsere Pässe werden hin- und hergereicht, Köpfe werden geschüttelt, es wird getuschelt. Plötzlich hält am Bürgersteig ein

RESTAURANT

UNE ALGERIE FORTE ET

Im Hafen von Tipasa

Jungen hier, Mädchen da

Beste Freundinnen

Wahllokal & Bouteflika

Allein unter Männern

Bettina Flitner im Dauphin

Die römischen Ruinen

Zu Tisch bei Paul
li. vorne: Jaquie, re. Paul

Beste Freundinnen

gepanzerter Polizeiwagen, im Inneren vier Beamte in Kampfausrüstung: Sturmhauben, Kampfanzüge, Maschinengewehre. Die steigen nun aus und umringen uns. Es wird immer bizarrer. Ernst nehmen kann ich das hier nicht.

Wir erklären noch mal, wir seien privat hier, hätten nur unsere Freundin, die Journalistin, abholen wollen und hätten es, ehrlich gesagt, auch eilig, weil wir zum Couscous in Cherchell eingeladen seien. Kein Erbarmen. Bettina wird die Kamera abgenommen. Die Aufnahmen werden gelöscht. Die Polizisten wissen nicht, dass in der Kamera eine zweite Karte mit Sicherheitskopien steckt.

Wir werden in das Polizeiauto komplimentiert und zur Wache gefahren. Vorher aber macht Bettina noch eine Welle. Sie sagt: »Ich steige da nicht ein! Woher soll ich denn wissen, dass Sie keine Terroristen sind?« Da müssen selbst die Polizisten sich nun doch das Lachen verkneifen.

Auf der Wache wird weiterpalavert. Auch da sitzt eine Polizistin: langes Haar, Rock, High Heels. Wieder Getuschel mit unseren Pässen und Hin-und-her-Gerenne. Neben der Polizistin sitzt ein Polizist, der, ganz wie in Deutschland, gemächlich mit einem Finger unser Protokoll tippt. Uns gegenüber steht ein Stuhl. Der ist kaputt und bricht zusammen, wenn man sich draufsetzt. Im Laufe der Stunde, die wir auf der Wache verbringen, rufen wir Neuankömmlingen vier-, fünfmal zu: »Vorsicht, nicht setzen! Der Stuhl ist kaputt.« Djamila ist empört: »Was für eine Misswirtschaft. Kann die Polizei noch nicht mal einen Stuhl für die Besucher reparieren?!«

Ich jammere immer lauter: Wir sind doch zum Couscous in Cherchell eingeladen! Denn ich esse wirklich gerne Couscous.

Schließlich entspannt sich die Lage. Wir kriegen unsere Pässe wieder, und die Polizistin auf der Wache sagt: »Wenn Sie das nächste Mal in Tipasa sind, dann lade *ich* Sie zum Couscous ein.« Wir feixen. Nur Djamila ist immer noch stinkwütend. Sie findet, die ganze Aktion sei ein »Mangel an Respekt« gegenüber ihrer Person und ihren Gästen. Respekt. Ein Schlüsselwort für Algerien.

Am nächsten Tag wird sich herausstellen: Das ganze Manöver hatten wir der Rivalität zwischen der Geheimpolizei aus der Hauptstadt und der lokalen Polizei von Tipasa zu verdanken. Die Geheimen fanden es unerhört, dass im Saal des hohen Politikers ausländische Journalisten auftauchten. Sie machten den Kommunalen schwere Vorwürfe wegen Leichtfertigkeit. Die wiederum mussten nun demonstrieren, dass sie die Lage voll im Griff haben und in Wahlveranstaltungen kein Ausländer einfach so ungestraft rumlaufen kann. Für uns war das Ganze ein Abenteuer.

Das war übrigens das einzige Mal in all den Wochen, dass uns die Polizei belästigt hat. Wir haben uns im ganzen Land überall sehr frei und relativ sicher bewegt – wenn wohl auch nicht immer ganz unbeobachtet.

Heute werden wir noch einiges erleben. Und vor allem: Wir werden zwei wirklich gute Menschen kennenlernen. Der eine ist die 77-jährige Jaquie, der andere der 80-jährige Paul. Jaquie (von Jacqueline) hat 1958, mit 18, in Frankreich ihren Mann kennengelernt, ein algerischer Student, der in diesen bewegten Zeiten aus Frankreich in die Schweiz ausgewiesen wurde. Nach der Befreiung 1962 heiratete Jaquie ihren Temi und zog mit ihm nach Algerien. Was denn ihre Eltern dazu gesagt haben? »Nichts. Meine Mutter war Baskin.« Ah ja, ich verstehe. Freies Baskenland. So wie freies Algerien.

Seit 1987 nun lebt Jaquie in dem kleinen Städtchen Hadjout und ist auch nach dem Tod ihres Mannes da geblieben. Sie hat dort zusammen mit ihrem Mann eine Pouponnière gegründet, ein Auffangheim für Neugeborene, die zur Adoption freigegeben sind. Aktuell leben 24 Kinder bei ihr. Was für Kinder das sind? Uneheliche Kinder. Oder Kinder von Prostituierten. Kinder, die die Mütter nicht haben wollen oder können.

Wir holen Jaquie in Hadjout, einer quirligen Kleinstadt inmitten von Feldern, ab. Ihr Haus und Garten in der schmalen Gasse liegen hinter hohen Mauern. Die schützten sie in den »Schwarzen Jahren«. Denn für die Islamisten waren die Kinder in der Pouponnière »Früchte der Sünde«. Sie drohten, den Kindern die Kehle durchzuschneiden – und Jaquie gleich mit. »Doch der Bürgermeister hat immer zu uns gehalten. Und meine Nachbarn haben sich bewaffnet und nächtelang um unser Grundstück Wache geschoben.«

Ob sie in den gefährlichen 90er-Jahren nicht doch daran gedacht habe, nach Frankreich zurückzugehen? »Nein, nie! Hier ist doch mein Leben. Aber ich war sehr schockiert zu hören, wie man in Frankreich oder auch Deutschland über die blutigen Jahre in Algerien geredet hat. Man wüsste ja nicht, wer die Mörder sind, hieß es. Wir hier wussten immer ganz genau, wer die Täter waren: Nämlich die Islamisten!«

Die emanzipierte Jaquie – Hosen, Kurzhaarschnitt – schnauft noch heute entrüstet. Bei unserer Fahrt nach Cherchell sitzt sie hinten; am Steuer, wie immer, Djamila. Das Auto ist ihr quasi an die Füße gewachsen.

Wir fahren durch eine hügelige, grüne Landschaft, am Horizont ein Bergzug, links ein See. Idyllisch. Wir könnten auch in der Schweiz sein. »In den 90er-Jahren war es lebensgefährlich, über diese Straßen zu fahren«, erzählt Jaquie. »Die Islamisten hatten überall Sperren aufgestellt. Wenn man Glück hatte, kam man mit dem Leben davon. Aber meist beraubten sie die Menschen nicht nur, sondern schnitten ihnen auch die Kehle durch.

Und dann zogen sie sich zurück in die Berge.« – Dahinten, in den Bergen, soll es heute noch ein paar von diesen Terroristen geben. »Aber die Polizei«, sagt Jaquie, »hat die Lage im Griff.«

Kurz vor Cherchell erzählt Djamila, wie sie Assia Djebar begraben haben. Die bekannteste Schriftstellerin Algeriens, ja Nordafrikas, ist 1936 in Cherchell geboren und 2015 in Paris gestorben. Ihrem Vater, einem Grundschullehrer, verdankte sie, dass sie das Gymnasium besuchen durfte. Sie studierte in Paris und veröffentlichte mit 21 ihren ersten Roman: »La soif« (Der Durst).

Das Buch ist oft mit Sagans »Bonjour tristesse« verglichen worden, und in der Tat: Es ist ähnlich tabulos, und es geht darin um Liebe und Sexualität. Unverzeihlich für eine Algerierin. Djebar wurde in ihrer Heimat als »Hure« beschimpft und kehrte nie mehr zurück. Doch als sie stirbt, ist es ihr Wunsch, in Cherchell begraben zu werden.

»Wir waren weit über hundert Frauen an diesem Tag«, erinnert sich Djamila. »Und stellt euch vor: Wir Frauen haben ihren Sarg zu Grabe getragen!« Was aus vielerlei Gründen unerhört war. Erstens, dass Frauen einen Sarg tragen. Zweitens, dass Frauen überhaupt einer Beerdigung beiwohnen. In Algerien dürfen nur Männer die Toten begraben. Frauen müssen zu Hause bleiben. »Was für ein Triumpf, die Beerdigung von Assia«, strahlt Djamila. Ich hatte Assia Djebar im Jahr 2000 in Köln getroffen, nach der Verleihung des »Friedenspreises des Deutschen Buchhandels« an sie, und kann nur bestätigen: Die Frauenbeerdigung war gewiss ganz im Sinne von Assia Djebar.

Ankunft Cherchell. Der Couscous nähert sich. Mitten im Ort ein wunderschönes altes Steinhaus mit verwunschenem Garten. Und in dem steht eine lange Tafel, daran rund zwanzig Menschen – Männer wie Frauen, Algerier wie Franzosen, nur zwei der Frauen sind verschleiert. Und Couscous ist auch noch da. Es wird ein sehr lebhaftes, sehr leckeres Essen werden.

Paul kommt uns entgegen und umarmt uns herzlich. Wie alte Freunde. Djamila kann nur Gutes über uns erzählt haben. Pauls Vater war Algerier-Franzose in der dritten Generation, die Familie seiner Mutter lebt seit fünf Generationen im Land. Sein Schwiegervater war am Ende der Kolonialzeit Bürgermeister von Cherchell. Kurz nach der Unabhängigkeit wurde er von der französischen Terrororganisation der rechten Militärs, der OAS, ermordet. Grund? Dieser französische Bürgermeister war zwar Teil der Kolonialherrschaft, aber er war dennoch der Meinung, auch Algerier seien Menschen, Menschen mit gleichen Rechten. Er begrüßte die Unabhängigkeit. Das bezahlte er mit dem Leben.

Doch die Algerier haben ihn und seine Familie nicht vergessen. Im Wohnzimmer von Pauls lichtem, kreativ gestaltetem Haus hängen an den Wänden Objekte aus von ihm selbst gegossenen Papier. Und in einem silbernen Bilderrahmen entdecke ich neben seiner geliebten, verstorbenen Frau eine lange vermisste Freundin: Khalida Toumi (früher Messaoudi).

Khalida war in den 90ern die meistgefährdete Frau Algeriens. Die Islamisten hatten eine Fatwa gegen die Mathematiklehrerin und bekennende Gegnerin ausgerufen. Sie schlief fünf Jahre lang jede Nacht in einem anderen Bett. In der Zeit hatte ich Khalida mehrfach nach Deutschland eingeladen und für EMMA und das Fernsehen interviewt. Keine konnte es so klar und scharf benennen: Warum das algerische Regime denn den zweiten Wahlgang 1992 annulliert habe, nach dem Sieg des FIS im ersten? »Das hätten die Deutschen 1933 nach dem Sieg der Nazis besser auch getan!«

Diese Khalida ist unter Bouteflika viele Jahre lang Kulturministerin gewesen und dann vor zwei Jahren aus der Regierung gedrängt worden. Sie findet das neue Regime, auf das auch sie zunächst gesetzt hatte, zu autoritär und zunehmend korrupt. Seither hatte ich vergeblich versucht, sie aufzuspüren. Niemand wusste, wo sie steckt. Und nun steht sie einfach da, im Silberrahmen auf Pauls Kredenz. Paul sagt: »Khalida war die beste Freundin meiner Frau.« Er ruft sie gleich an und gibt mir den Hörer weiter. »Ja, ich bin's, Alice.« Die Freude ist groß. »Du musst mich gleich besuchen«, sagt Khalida. Es wird ein Besuch voller Überraschungen werden.

king
top

4

Macron und die Kuckucksuhr. Mit Zahar in El Harrash

Bettina kann nicht mehr. Sie prustet los: »Ich rate dir, kein Buch zu schreiben, sondern ein Drehbuch. Das ist hier doch die reinste Sitcom!«

Ist es. Wir sitzen, mal wieder, in der Acht-Quadratmeter-Diele meiner Familie in Algier. Das Haus ist groß, es gibt viel Platz und viele Sofas und Kissen, wir aber hocken meist in der kleinen Diele, wie auf einer Bühne. Auf dem einen Sofa, dem einen Sessel und den bei Bedarf herangezogenen Stühlen. Wer keinen Platz mehr findet, stellt sich dazu. Einer der Gründe für diesen Lieblingsort ist der große Fernseher. Der läuft eigentlich den ganzen Tag. Und abends sowieso. Tele 5.

Die einzelnen Familienmitglieder kommen und gehen. Auch das Personal im Fernseher hat wechselnde Auftritte. Wir befinden uns im Mai 2017. Gerade sind Wahlen in Frankreich. Erste Runde. Noch weiß man nicht, dass Macron haushoch siegen wird. Jetzt sind im Kopf-an-Kopf-Rennen: Emmanuel Macron, Marine Le Pen und Jean-Luc Mélenchon. Anwesend heute Abend: Zohra und Zahar, »Tata« Djamila, Ghanou, Lilia und ihr Mann Karim, ein Cousin aus Belgien und wir. Plus diverse Kinder.

Hier sind die meisten für den Linksausscherer der Sozialistischen Partei, für Jean-Luc Mélenchon. Bei Mélenchon und seiner Bewegung »Unbeugsames Frankreich« klingt es ähnlich, aber moderner als bei der postsozialistischen Garde in Algerien. Doch wenn schon nicht der linke Mélenchon, dann eben die rechte Marine Le Pen. Denn: »Die hat doch gar nicht so unrecht«, tönt es. »Die Franzosen sind ja gar nicht mehr bei sich zu Hause. Die Zugezogenen machen das Gesetz«, spottet der Cousin aus Belgien und fährt sarkastisch fort: »Und was soll denn eigentlich der Quatsch mit den vielen Moscheen, jeder kann zu Hause beten. Haben wir ja früher auch getan.« Und er setzt noch einen drauf: »Alles Unsinn mit dem Gerede vom guten Islam. Das einzig Gute am Islam ist die Polygamie.« Wir kichern. Aber die Algerierinnen können nicht so richtig lachen.

Dann ist Emmanuel Macron dran. Ihm trauen alle irgendwie nicht. Für sie ist er der Mann, der aus der Finanzwelt kommt. Dass Macron als erster hochrangiger französischer Politiker bei seinem Besuch in Algier im Frühling 2017 gesagt hat, die Kolonialisierung von Algerien sei »ein Verbrechen gegen die Menschlichkeit« gewesen, das scheint ihm hier niemand zu danken.

Jetzt kommt Brigitte an die Reihe, die 24 Jahre ältere Frau von Macron. »Eine Ehefrau sollte nicht älter sein als ihr Mann«, verkündet Zahar. Das kann ich nicht stehen lassen. Ich widerspreche. Nun mischt sich wieder der Cousin aus Belgien ein: »Ich würde sie nehmen«, kräht er. »Sie sieht doch scharf aus.« Die jungen Männer in der Runde lächeln matt. Die Frauen ziehen Schnuten.

Da schlägt die Kuckucksuhr. Alle Kinder rasen zum Treppenabsatz, von dem aus sie den Kuckuck besser sehen können. Ja, wir haben der Familie als Gastgeschenk tatsächlich eine Kuckucksuhr aus dem Schwarzwald mitgebracht. Ich gebe zu, es war meine Idee. Nicht unumstritten. Aber sie hat sich letztendlich durchgesetzt. Als ich die Uhr unter aller Augen auspackte, waren die Beschenkten begeistert. Ich bin allerdings inzwischen nicht mehr sicher, ob aus Höflichkeit oder aus Überzeugung. Die Kinder jedenfalls sind außer Rand und Band über den Kuckuck.

Denn der kuckuckt nicht nur jede Stunde, gleichzeitig geht auch noch eine Klappe auf und heraus dreht sich eine Trachtentanzgruppe, zu wechselnden Melodien wie »Ich weiß nicht, was soll es bedeuten, dass ich so traurig bin« oder auch »Oh, du lieber Augustin, alles ist hin«. Die Freude der Kinder kennt keine Grenzen.

Apropos Kinder: Alle Kinder, denen ich in diesen Tagen in Algerien begegne, sind sehr gut erzogen, auch diese hier. Sie sind zwar lebhaft, spielen und lärmen, aber begegnen ihren Eltern immer mit Respekt. Malik und Kamyl, beide acht Jahre alt, sind sehr zärtlich, auch mit uns. Es gibt viele Küsschen und Geschmuse und immer ein Bonjour und Au revoir. Und wenn sie mit uns kommen können, sind sie begeistert!

Ich werfe nun die Frage in die Runde, was die Anwesenden denn eigentlich zu den Algeriern sagen, die in der Silvesternacht 2015 in Köln so gewütet haben. Unter den über 2000 jungen Männern, die auf dem Bahnhofsplatz randaliert und Frauen sexuelle Gewalt angetan haben, waren ja auffallend viele Marokkaner und Algerier, wie später festgestellt wurde, vor allem Illegale.

»Wir sind froh, dass die jetzt bei euch sind. Die könnt ihr behalten«, tönt der Algerier aus Belgien. »Früher standen die *hier* an den Ecken rum.« Ghanou sagt: »Stimmt das denn überhaupt, dass es Algerier waren? Ist das Ganze nicht von deutschen Rechtsradikalen angezettelt worden?« Und Zohra schiebt hinterher: »Das war doch nur ein einziger Algerier. Der ist dann auch vor Gericht gekommen, aber freigesprochen worden.« Die anderen schweigen. Wir auch.

Jetzt kommt »la Märkell« dran. Die finden alle toll. Alle Algerier beneiden uns um unsere Kanzlerin. Nur eines können sie nicht verstehen: »Wie kommt es, dass sie so naiv ist mit den Flüchtlingen? Oder hat sie einen Plan?«, fragt Karim. Und Ghanou fügt hinzu: »Wie kann sie überhaupt diese ganzen jungen Männer aufnehmen? Die sollten doch lieber bei ihren Familien und in ihrem Land bleiben und das wieder mit aufbauen!« Das findet auch Karim. »Und wieso überhaupt Flüchtlinge aus Algerien?«, sagt er. »Bei uns gibt es doch keinen Grund mehr zu flüchten. Die Schwarzen Jahre sind vorbei. Niemandem droht noch Gefahr in Algerien. Wir haben nur ein ernstes Problem mit der hohen Jugendarbeitslosigkeit.«

Am nächsten Morgen, Punkt vier Uhr: der Muezzin. Dieser hier aber hat nicht so eine schöne Stimme wie sein Kollege in Tipasa. Dafür hat er einen stärkeren Lautsprecher. Da die Moschee nur zwei, drei Häuser entfernt ist, hören wir ihn jeden Morgen in voller Lautstärke. In seinen Gebetsruf mischt sich jaulend der Hund im Garten – und der Kuckuck aus dem Schwarzwald. Ich habe ein klein wenig ein schlechtes Gewissen. Aber vielleicht sperren sie den Kuckuck nach unserer Abreise ja auf den Dachboden – und holen ihn erst wieder raus, wenn wir wiederkommen.

Zahar in seinem Laden

Markt in El Harrash

Mutter und Tochter in El Harrash

Mal wieder in der Diele

Am Vormittag gehen Bettina und ich mit Zahar einkaufen. Aber vorher gehen wir noch mal in seinem Geschäft im Erdgeschoss vorbei. Bettina will den Hausherrn da fotografieren. Inzwischen hat der mit seinem Import chinesischer Büromöbel expandierende Zahar auch fünf Autominuten entfernt einen »Showroom« aufgemacht. Aber hier, im Erdgeschoss des Wohnhauses, verkauft er noch die Geldschränke. Bettina stellt ihn mittenrein. Es passt, finden wir. Denn es ist so: Die Familienzuschreibung will, dass die Familie von Djamila und Zohra die eher Feinsinnigen, Intellektuellen sind – die von Zahar die Geschäftsleute.

Wir fahren mit dem tüchtigen Zahar in das an Beaulieu grenzende Viertel El Harrash, ein Brennpunktviertel, wie man bei uns sagen würde. Nur, hier bekümmert das niemanden. In El Harrash sind 80 Prozent aller Frauen verschleiert. Gerade hier in der Hauptstadt ist unübersehbar, dass die Emanzipation der Frauen auch eine Klassenfrage ist. Je ärmer die Viertel, umso mehr Kopftücher; je privilegierter, umso weniger.

In der sehr abgerissenen, verdreckten Markthalle mit den Ramschwaren drehen sich die Köpfe nach den Fremden. Uns zwei Europäerinnen treffen misstrauische Blicke. Alleine, ohne Zahar, würden wir wohl hier nicht reingehen. Für Bettina ist es schon grundsätzlich schwer, Fotos zu machen. Die Algerier sind extrem fotoscheu. In diesen Vierteln aber fühlen sie sich auch noch feindlich beobachtet.

Doch mit Zahar ist das alles kein Problem. Er hat die Lage voll im Griff. Zahar und ich, wir mögen uns. Er ist immer sehr offen und herzlich mit mir. Als ich ihn frage, behauptet er: »Ich bete fünfmal am Tag.« Na ja, manchmal vielleicht nur dreimal oder einmal, schließlich ist er ein viel beschäftigter Mann. Sein Liebstes ist, mir im Haus zwinkernd »ein Glas Tee« anzubieten. Alle wissen, dass in dem Teeglas Whisky ist. Und alle gucken weg.

Sogar sein strenggläubiger Sohn Ghanou. Selten habe ich so viel Whisky getrunken wie mit Zahar. Ich kann es ihm einfach nicht abschlagen. Es macht ihm so einen Spaß.

Wie mit allen Männern, mit denen ich in diesen Tagen zu tun habe, kann ich auch mit Zahar kaum ein persönliches Wort reden. Er ist permanent in Aktion und weicht allen privaten Fragen routiniert aus. Aber immerhin, das erfahre ich: Zahar war zehn Jahre alt, als seine Eltern vom Land in die Hauptstadt flüchteten, in der Hoffnung, ein Auskommen zu finden. Anfangs schliefen sie in einem zerbombten Haus auf dem Boden. Mit Schule war nichts mehr. Zahar »organisierte« Essbares und zog auch schon mal mit dem Molotowcocktail los: gegen die OAS.

Heute bereist Zahar die ganze Welt, geschäftlich oder zum Vergnügen. Zum Ordern der Büromöbel fährt er nach China, neuerdings mit Sohn Ghanou an seiner Seite. Das Verhandeln mit den Chinesen macht ihm Spaß: »Die sind hart, aber korrekt«, sagt er.

Ich frage ihn, warum er in den letzten Jahren so häufig alleine vereist sei und Zohra weniger mitnehme. »Stimmt doch gar nicht«, sagt er. Und hält mir zum Beweis das Handy vor die Nase, auf dem zahlreiche Urlaubsfotos unter Palmen auf allen Kontinenten gespeichert sind. Aber es wäre schon was dran: Er würde seltener mit ihr verreisen, weil sie immer so schlecht gelaunt sei.

Zum Einkaufen haben wir Lilias Sohn Kamyl mitgenommen. Der ist acht Jahre alt und extrem wissbegierig und klug. Auf die Frage, was er mal werden will, antwortet er wie aus der Pistole geschossen: »Präsident von Algerien.« Und dann? »Dann würde ich alle Städte vom Müll befreien, überall Gärten anlegen und Blumen pflanzen.« Der stolze Großvater nimmt Kamyl an die Hand und zeigt ihm, wo man die besten Gewürze kauft und das leckerste Brot. Wir kommen gerade noch rechtzeitig zum Mittagessen zurück.

5

Zohra spricht

Ich sitze mit Zohra, der Hausfrau, auf den Sitzkissen im zweiten Stock, in dem offenen Raum, in dem manchmal gefeiert wird. Nebenan ist ihre Kleiderkammer. In der habe ich mir gestern ihre prächtigen Roben, europäische wie arabische, zeigen lassen. Und den Schmuck. Auf meine Ahs und Ohs reagiert sie resigniert: »Das ist das Einzige, was wir arabischen Frauen haben.« Es hat mich Mühe gekostet, sie für unser Gespräch hier raufzulocken, fernab vom Familientrubel. Eigentlich wollte sie nur »mal eben« am Küchentisch mit mir sprechen.

Zuvor nehme ich noch einen Tee mit ihr auf der geräumigen Terrasse. Die ist von Blumen umsäumt, sodass man kaum die

Polizeikaserne gegenüber sieht, von deren Wachtürmen immer wieder mal Polizisten zu uns herüberschauen. Diese Kaserne war in den »Schwarzen Jahren« Schutz und Bedrohung zugleich für die Familie. Einerseits war es bei Attacken von Islamisten gut, die Polizei in der Nähe zu haben. Andererseits war gerade die Polizei eines der Lieblingsziele der Islamisten. Aber das ist vorbei, Inshallah.

Zohra zieht auf der Terrasse und hinter dem Haus alle Gewürze selber. Die sind nicht nur zum Kochen, sondern auch und vor allem für die Gesundheit. Zohra erklärt mir die Wirkung jedes einzelnen Gewürzes, ich schreibe mit: Beifuß für Magen und Darm, Lavendel bei Kopfschmerzen (im Kissen oder Tee), Minze gegen Fieber, geriebene Zitronenschale gegen einen sauren Magen und für alles, Kurkuma gegen Entzündungen und Krebs, Ingwer gegen Rheuma und für die Gelenke, Hibiskus gegen hohen Blutdruck und für die Verdauung und vor allem: Viel Zwiebeln und Knoblauch essen! Ich staune, was Zohra alles weiß. Aber richtig: Sie war ja mal Krankenschwester.

Es ist früher Nachmittag, die Zeit zwischen zwei Mahlzeiten. Wir gehen rauf in den zweiten Stock.

»

Zohra spricht:

Ich träume davon, wieder so frei zu sein wie als junges Mädchen. Damals, Anfang der 70er-Jahre, habe ich als Krankenschwester in einem Krankenhaus gearbeitet. Das hat mir großen Spaß gemacht. Wir kleideten uns wie die Französinnen, trugen Miniröcke und sangen Lieder von Johnny Hallyday. Meine Mutter hatte nichts dagegen, obwohl sie eine sehr fromme Frau war und sie in ihren späten Lebensjahren jedes Jahr nach Mekka gepilgert ist. In ihren letzten

Lebensjahren hat sie da ja auch immer für dich gebetet, Alice. Und einmal hat sie dir eine Goldkette aus Mekka mitgebracht. Erinnerst du dich?

Früher waren wir viel diskreter fromm. Das Gebet war etwas ganz Privates. Man betete meist zu Hause, in einem Nebenraum. Ich mache das noch heute so. Ich bete fünfmal am Tag und mache auch Ramadan. Meine Töchter beten nicht, aber sie machen Ramadan.

In Bordj, dem Dorf bei Sétif, wo wir herkommen, haben wir überhaupt keinen Unterschied gemacht zwischen den Religionen. Über die Hälfte der Bevölkerung waren Juden. Sie handelten mit Gewürzen. Für uns waren sie wie Brüder und Schwestern. Wir Kinder sprachen alle Arabisch und verbrachten viel Zeit zusammen. Aber geheiratet hätte ich keinen Juden. In unserer Religion dürfen nur Männer Andersgläubige heiraten, so die Frauen konvertieren. Aber wir Frauen dürfen keine andersgläubigen Männer heiraten.

Später habe ich oft mit meinem Mann Urlaub in Frankreich gemacht. Heute fahre ich da nicht mehr hin. Ich schäme mich. Bei jedem Attentat denke ich: Hoffentlich ist es nicht wieder ein Algerier ... Diese Fanatiker sind keine Muslime. Sie beschmutzen unsere Religion.

Ihre ersten Opfer waren wir, die Algerier. Allein in unserem Viertel hier haben sie in den 90er-Jahren über hundert Polizisten getötet. Niemand wollte unsere Hilferufe hören. Niemand glaubte uns. Jetzt sind sie überall. Aber wir sind entkommen. Knapp. Es ist ein Wunder, dass Algerien überlebt hat.

Seither tragen die meisten Frauen Kopftuch. Aus Angst. Ich habe nie Kopftuch getragen und werde es nie tun. Niemals! Aber damals, als meine Töchter noch zur Uni gingen, da habe ich mir so manches Mal gewünscht: Ach, wenn sie sich doch nur verschleiern würden. Ich habe den ganzen Tag mit bangem Herzen auf sie gewartet. Aber ich war auch stolz auf meine Töchter: Was für ein Mut!

Vom Islamismus profitieren nur die Männer. All diese Machos! Doch die jungen Frauen leisten Widerstand. Die Frauen meiner Generation sind abhängig, auch ökonomisch. Aber die Generation meiner Töchter hat einen Beruf und eigenes Geld. Ich habe nach der Ehe meinen Beruf aufgeben müssen. Er gibt mir Geld, aber kontrolliert meine Ausgaben. Ich habe keine eigene Rente.

Am Tag der Hochzeit habe ich Zahar zum ersten Mal gesehen. Ich hatte mich lange gewehrt gegen diese von meiner Mutter arrangierte Ehe. Einen Monat lang habe ich kein Wort mit meiner Mutter gesprochen. Und bis heute bin ich empört darüber, dass sie mir nicht die Gelegenheit gegeben hat, den Mann, den ich heiraten sollte, vorher kennenzulernen. Ich habe ihn ja noch nicht einmal sehen dürfen!

Mein Bruder und meine Schwester sind zu ihm gefahren. Und als sie zurückkamen, haben sie versucht, mich zu beruhigen. »Er ist nicht schlecht«, hat Djamila gesagt. »Er ist lustig«, hat Amar behauptet. Und auch die Nachbarn haben auf mich eingeredet: »Deine Mutter will doch nur dein Bestes.«

Er wollte eine Frau. Punkt. Ich wollte einen Menschen, mit dem ich mich verstehe. Aber wir sind total unterschiedlich. Wo er Weiß sieht, sehe ich Schwarz. Und das hat sich auch nach 42 Jahren Ehe, vier Kindern und vier Enkelkindern nicht geändert. Auch wenn er ein relativ guter Vater war und ein wirklich liebevoller Großvater ist. In Babys ist er regelrecht vernarrt.

Aber ich habe mich nie damit abfinden können. Bis heute habe ich einen Stein im Herzen.

Meine Schwiegereltern waren sehr tolerant. Mein Schwiegervater war ein Muezzin, aber hat nie ein Wort darüber verloren, dass ich kein Kopftuch trug. Und meine Schwiegermutter hat mich sehr ermutigt, weiter als Krankenschwester zu arbeiten. Doch er hat es nicht erlaubt. Er bestimmt. Ich konnte noch nie etwas ohne seine Erlaubnis tun.

Mit 50 habe ich Depressionen bekommen. Er ging abends aus, ich nahm Tabletten. Heute mache ich eine Therapie, einmal in der Woche rede ich. Tabletten nehme ich nicht mehr.

Bei uns haben die Männer alle Rechte, Alice. Wenn du dich wehrst, ja, dann nehmen sie einfach eine andere. Die Polygamie ist legal in Algerien. Wenn Zahar mich leid wäre, könnte er sich einfach eine zweite Frau nehmen. Und eine dritte. Und eine vierte. Er muss nur das Auskommen von jeder garantieren. Und das könnte er. Er ist ja tüchtig.

Einer Freundin meiner Schwiegermutter ist vor einigen Jahren der Mann gestorben. Da war sie 80. Sie hat ihm aufs Grab gepinkelt.

6

Ghanou spricht

Am Morgen holt Ghanou uns ab. Wir wollen heute mit ihm in die Casbah gehen, die legendäre Altstadt. Vorher aber ziehen wir zwei uns für ein Gespräch in sein einstiges Jugendzimmer zurück, in dem ich zurzeit wohne. Der 37-Jährige ist erst nach seiner Heirat so ganz ausgezogen in das kleine Appartement, das er schon seit Jahren besitzt und in dem er jetzt mit Djalila wohnt. Doch er kommt weiterhin fast jeden Mittag zu seiner Mutter essen, zusammen mit dem Vater. Der Hauptsitz des elterlichen Geschäftes – in das er nach seinem Studium von Englisch und Betriebswirtschaft plus einem gescheiterten Start-up-Experiment eingestiegen ist – ist nur zehn Autominuten entfernt, was für das ausufernde und dauerverstopfte Algier wenig ist.

Ghanou gilt in der Familie als mein Liebling, und da ist was dran. Seine Ernsthaftigkeit, seine Sinnsuche, seine sinnliche Art zu tanzen – all das gefällt mir. Wir kennen uns seit zehn Jahren, seit meinem vorletzten Besuch in Algier. Damals waren wir viel unterwegs mit seinen Freunden, sind zusammen essen oder tanzen gegangen. Das war neu für den jungen Algerier: eine Frau meines Alters, mit der man nicht nur respektvoll plaudert, sondern mit der man auch leidenschaftlich diskutieren und sogar tanzen kann.

Ghanou ist tiefgläubig. In der Zeit des Islamisten-Terrors, in den 90ern, war er in der Pubertät und nach Einschätzung der Frauen seiner Familie durchaus gefährdet und zerrissen: zwischen hie seiner eher liberalen Familie und ihren relativ emanzipierten Frauen und da den islamistischen Kumpels aus dem Viertel und von der Moschee nebenan. Diese Zerrissenheit scheint überwunden.

Aber ist sie das wirklich? Früher lautete jeder dritte Satz, den er zu mir sagte: Tu sais, Alice: Le prophèt a dit. Weißt du, Alice: Der Prophet hat gesagt. Was der Prophet gesagt hat, war bestimmend für Ghanou – und so ist es bis heute.

Ich habe mal in einem meiner Bücher über die Gefahr des Islamismus geschrieben, Ghanou sei mein innerlicher Maßstab. Bei allem, was ich über den Islamismus schreibe, würde ich mich immer fragen: Könnte ich das so auch zu Ghanou sagen? Oder würde ihn das verletzen? Ghanou ist bis heute mein Maßstab geblieben. Auch wenn ich nicht immer einverstanden bin mit ihm.

»

Ghanou spricht:

Ich bin stolz auf mein Land. Wir waren immer besetzt, aber hatten viele Revolutionäre. Für die Befreiung Algeriens sind viele gestorben. Und wir hatten in Algerien in den letzten zehn Jahren kein einziges islamistisches Attentat mehr. Mal abgesehen von den Konflikten an der Grenze zu Mali. Aber daran ist die Intervention des Westens in Libyen schuld.

Das, was da heute im Namen des Islams geschieht, ist schlimm. Wobei ich mich frage, wer oder was da wirklich dahintersteckt. Hinter dem IS und all diesen Verbrechern. Früher habe ich Theorien, der CIA und Israel spielten eine Rolle, für Verschwörungstheorien gehalten. Heute halte ich es für eher wahrscheinlich. Wer könnte ein Interesse daran haben, das stärkste und stolzeste Land Afrikas in die Knie zu zwingen? Gläubige Muslime sind diese Terroristen jedenfalls nicht. Und sie stehen auch nicht für die Mehrheit der Muslime. Die sind friedlich.

Der Prophet hat gesagt: Ein Baum, der fällt, macht mehr Lärm als ein Wald, der wächst.

Algerien ist ein sehr junges Land. 75 Prozent aller Algerier sind unter 35, fast jeder vierte von ihnen ist arbeitslos. Da spielen Drogen, Gewalt und Kriminalität eine Rolle, aber nicht die Religion. Das sind die Jungs, die nach Europa gehen. Sie haben nichts zu verlieren. Sie suchen nach einer Perspektive. Und sie wollen sich an der Gesellschaft rächen.

Sicher, es ist nicht alles eingetreten, was wir uns für unser Land erhofft haben. Das kränkt uns. Manchmal aber haben wir auch einen falschen Stolz. Wir wollen immer, dass das Ausland uns als Gleiche behandelt – aber in vielen Punkten sind wir eben noch unterlegen; auch, weil wir unser Potenzial nicht nutzen. Wir sollten flexibler sein, offener. Ich will auf jeden Fall dazu beitragen, dass Algerien stärker wird.

Manche glauben nicht daran und gehen von Algerien weg, andere kommen. Zurzeit haben wir Tausende Flüchtlinge aus Mali, Niger und Tschad. Und aus Syrien. Gerade von Algerien erwartet man ein soziales Verhalten, aber das ist nicht immer einfach. Das Regime tut jetzt überrascht, aber es hat es lange laufen lassen. Viele Flüchtlinge arbeiten schwarz, wir brauchen Leute auf dem Bau. Manche betteln auf der Straße. Die Syrer haben wir in Ferienlagern untergebracht. Mit Niger haben wir ein Rücknahme-Abkommen geschlossen – aber die Nigrer kommen einfach über die Grenze wieder nach Algerien zurück.

Das Petrol war unsere größte Einnahmequelle. Wir waren nicht vorbereitet auf die Ölkrise. Der Staat macht dennoch weiterhin eine protektionistische Politik. Grundnahrungsmittel wie Mehl, Zucker, Milch und Öl werden mit 50 Prozent des Preises gestützt. Man hat Angst vor Aufständen. Auch die Mieten werden subventioniert, aber die Häuser sind in einem miserablen Zustand. Die Landwirtschaft ist vollständig staatlich. Algerien sperrt sich gegen die Globalisierung. Doch es gibt Tendenzen zur Liberalisierung. Wichtig wäre, das Problem mit der Ökologie anzugehen. Das Land versinkt im Plastik.

Zu Beginn der 90er-Jahre waren wir eigentlich schon auf einem guten Weg. Und dann kam der Rückschlag. Die Schwarzen Jahre. Jetzt haben wir eine wackelige Demokratie – aber durchaus Hoffnung.

Wie gläubig ich bin? Ich glaube an die Existenz Gottes. Das ist meine tiefe Überzeugung. Aber ich habe auch ungläubige Freunde oder christliche, in Frankreich zum Beispiel. Wir respektieren uns. Ich nehme den Koran nicht wörtlich. Es gibt 1001 Interpretationen. Zum Beispiel war der Alkohol im Islam zunächst nicht verboten. Und auch der Sex war nicht so ein Tabu. Solche Tabus führen nur zur Doppelmoral.

Du hast mich neulich nach meiner Meinung in Bezug auf den Text von Kamel Daoud zur Silvesternacht in Köln gefragt. Der Text ist in Algerien sehr kritisch aufgenommen worden. Denn Daoud vertritt die These, wir algerischen und muslimischen Männer seien chronisch sexuell frustriert und hätten Aggressionen gegen den weiblichen Körper. Ich sage dir ganz ehrlich, Alice, dass ich überhaupt nicht einverstanden bin! Denn damit trägt Daoud nicht zur Aufklärung bei, sondern er schürt die Vorurteile im Westen gegen Algerien.

(Ich berühre nun ganz behutsam die Frage nach der sexuellen Enthaltsamkeit. Auch für ihn persönlich. Er zögert.)

Der Prophet hat gesagt: Es gibt kein Tabu.

Die Enthaltsamkeit ist für uns heutzutage nicht immer einfach. Wir heiraten später als unsere Großeltern und Eltern. Und die Prinzipien sind eines – die Realität ist etwas anderes. Das ist eine Gewissensfrage. Gott sagt uns, dass seine Gnade grenzenlos ist. Jeder Mensch ist fehlerhaft. Gott verzeiht.

Ich bin mir auch mit Djalila nicht in allen Fragen einig. Meine Frau praktiziert ihren Glauben nicht. Ich bete fünfmal am Tag, sie nicht. Sie geht auch nicht in die Moschee. Sicher, ich würde mich freuen, wenn meine Frau ein Kopftuch tragen würde. Sie hat mich gefragt: Soll ich mich verschleiern? Ich habe geantwortet: Nur, wenn du auch daran glaubst. Ich bin gegen jeden Zwang.

7

Mit Ghanou und Osama auf den Terrassen der Casbah

11 Uhr. Wir müssen los. Wir wollen ja nicht in der vollen Mittagshitze in der Casbah landen. Noch vor einem Jahr war ich mit einer sehr patenten, professionellen Führerin da, die Ghanou organisiert hatte. Das ist mir zu Kopf gestiegen. Ich erkläre: Ich kann euch führen. Ghanou lacht.

Auf dem Weg in die Stadt kommen wir an der Baustelle der neuen Moschee vorbei. Sie soll die drittgrößte Moschee der Welt werden mit dem höchsten Minarett, heißt es. Der Bau ist an die Chinesen vergeben worden. Die können das besser als die Algerier. Wir erinnern uns: Doucement le matin, et pas trop vite le soir. Der ganze Spaß soll zwei Milliarden Dollar kosten. »Dafür könnte man zehn Krankenhäuser bauen«, wettert Ghanou. »Und das Ganze nur, weil Bouteflika sich ein megalomanes Denkmal setzen will. Wir brauchen nicht noch eine Moschee! Wir können überall beten.« Wir werden das so oder ähnlich noch öfter zu hören kriegen, jedes Mal, wenn wir an der Moschee vorbeikommen.

Das Problem bei der Besichtigung der Casbah, die direkt an das moderne Zentrum grenzt, ist das Parken. Nachdem wir das bewältigt haben, kann uns nichts mehr schrecken.

Die auf einem Hügel erbaute Casbah ist das älteste Wohnviertel von Algier, es gibt sie seit über tausend Jahren. Sie wurde über Jahrhunderte von einer mächtigen Stadtmauer mit fünf Toren geschützt, die von Feinden immer wieder geschleift wurde. Denn das Gassengewirr mit seinen über 3000 Häusern war in all den Jahrhunderten auch ein Hort des Widerstandes gegen die über das Meer kommenden Plünderer und Besatzer. Zuletzt waren das die Franzosen. Sie gingen am 14. Juni 1830 in Algier an Land: mit 37 000 bewaffneten Mann. Und blieben 132 Jahre lang.

Auch die UntergrundkämpferInnen vom Front de Libération Nationale, dem FLN, hatten sich in den 50er- und 60er-Jahren des vergangenen Jahrhunderts hier versteckt. Kamen ihre Verfolger, flohen sie über die Dächer, auf die von Haus zu Haus gesprungen werden kann.

Traditionell waren die Dächer Frauenräume. Dort haben sie nicht nur gewaschen und Brot gebacken, sondern sich auch mit anderen Frauen getroffen. Die Terrassen waren der einzige Ort, von dem aus die ins Haus eingesperrten Frauen den Himmel sehen konnten. Und für so manche sind sie es noch heute. Noch im Jahr 2013 hat der Algerier-Franzose Merzak Allouache einen ergreifenden Film darüber gedreht: »Les Terrasses«, eine Hommage an die Frauen auf den Terrassen von Algier. Und 2016 hat die Algerier-Französin Rayhana in ihrem großartigen Film »A mon âge je me cache encore pour fumer« (In meinem Alter verstecke ich mich noch, um zu rauchen) am Schluss von einer dieser Terrassen der Casbah die Schleier, die die Frauen unsichtbar machen, in den blauen Himmel über Algier wehen lassen (in dem Film geht es um die Gewalt der Islamisten in den 90er-Jahren speziell gegen die Frauen).

Auf genau dieser Terrasse stehen wir jetzt. Ich habe sie gefunden. Es ist die Terrasse eines der am besten erhaltenen Häuser der Casbah. Bis 1962 wurde das geräumige Haus von einer jüdischen Familie bewohnt. Heute gehört die Nr. 76 in der Rue Sid Driss Hamidouche dem imposanten Khaled. Der sieht aus wie ein italienischer Bilderbuch-Anarchist in einem Film aus den 1960er-Jahren, und ich glaube, er ist auch so einer.

Als ich vor einem Jahr das erste Mal hier war, hat er mir von seinen nächtlichen Jagden über die Terrassen »nach den Verbrechern« erzählt. Wie er sie, zusammen mit seinen Kameraden, gestellt habe – und »liquidiert«. Ich hörte staunend zu und dachte: Das kann doch kaum sein, so alt ist er doch noch gar nicht, dass er gegen die Franzosen gekämpft haben könnte. Bis ich begriff: Khaled meinte nicht die Kolonialherren, sondern die islamistischen Terroristen in den 1990er-Jahren. Die wurden nämlich nicht nur vom Staat gejagt, sondern auch von Bürgerwehren, die sich, ihre Frauen und Kinder verteidigten. Auch die Islamisten hatten Unterschlupf in der Casbah gesucht und gefunden.

Heute steht Khaled wieder in seiner malerischen Schreinerwerkstatt, in der er eigenes Kunsthandwerk und Antiquitäten verkauft. Er erzählt Geschichten und lässt Besucher in sein Gästebuch schreiben. Das ist gespickt mit international glänzenden Namen aus Politik und Showbiz. Khaled schickt uns mit seinem etwa 25-jährigen Sohn, den er Osama genannt hat, auf die Terrasse. Es geht über krumme Holzstiegen mehrere Etagen hoch. Die Zimmer des im Rechteck gebauten Hauses gehen auf Galerien zum Innenhof, die jedes Stockwerk umrunden.

Endlich stehen wir oben und genießen den dramatischen Blick auf Alger la Blanche (Algier die Weiße) und das blaue Meer. Zu unseren Füßen die Metropole: Kolonialbauten aus den 1930er- und 40er-Jahren, moderne Betonriesen, die verfallende Casbah. Osama wohnt mit seiner jungen Familie im ersten Stock des Hauses. Er gibt uns bereitwillig Auskunft. Als wir gehen, frage ich Ghanou flüsternd, ob er es für angebracht halte, dass wir für die Führung ein Trinkgeld geben. Ghanou ist entsetzt. »Du willst ihn doch nicht etwa beleidigen?!« Nein, will ich nicht.

Beim Gang durch die Gassen und über die Treppe treffen uns viele freundliche, aber auch einige dunkle Blicke. Die meisten Häuser der Casbah sind halb verfallen, einige ganz. Die Menschen, die hier wohnen, sind arm. Die Casbah ist Weltkulturerbe. Aber irgendwie sieht es nicht so aus, als würde sich jemand ernsthaft um die Rettung der Casbah bemühen.

Unten, am Fuße des Hügels, zieht sich ein Markt entlang: Gemüse, Goldschmuck, Hochzeitskleider – alles, was das Herz begehrt. Ghanou und ich müssen immer wieder stehen bleiben und warten. Das Gewusel von Menschen und Waren ist fette Beute für die Fotografin.

Nur – wie kommen wir jetzt wieder rauf auf den Berg, wo unser Auto steht? Ganz einfach: Da hält schon ein Auto, und sein Fahrer ruft: Ghanou! Und schon sitzen wir alle drei in dem Wagen, und der nette Fremde, der sich als entfernter Geschäftskunde von Ghanou entpuppt, kutschiert uns zu unserem Auto. Einfach so. Bei unserem nächsten Besuch will er uns bei sich und seiner Frau zum Couscous einladen. So sind sie, die Algerier: sehr hilfsbereit und sehr gastfreundlich. Beschämend gastfreundlich.

Am Hafen von Algier

Khaled, der Held der Casbah von Algier

Die Gassen der Casbah

Am Fuße der Altstadt

Ghanou wohnt oben auf einem der Hügel, in einem lichten, feinen Viertel, unweit des Präsidentenpalastes. Das fünfstöckige Hochhaus ist aus den 30er-Jahren, aus der Kolonialzeit. Die Art-déco-Verzierungen im Treppenhaus sind gut erhalten. Die Wohnung hat weniger als 50 Quadratmeter, ist aber geschickt ausgebaut. Djalila steht in der offenen Küche, als wir kommen. Sie und die Küche würden genauso aussehen in Paris, Berlin oder New York. Die 33-jährige Bankerin scheint eine ganz und gar moderne westliche Frau.

Sie hat sich allerdings schon heute Mittag freigenommen und kocht seither. Und mein netter Ghanou denkt nicht im Traum daran, auch nur einen Handschlag im Haus zu tun. Er verzieht sich mit Bettina auf das Dach des Hauses mit einem spektakulären Blick über die Bucht von Algier. Da macht sie das Porträt von Ghanou.

Ich ergreife die Gelegenheit, mit Djalila ein wenig zu plaudern. Die 33-Jährige war auf der Bankfachschule und ist Anlageberaterin. So hat sie auch Ghanou kennengelernt. Wie die beiden das hinkriegen werden, scheint mir fraglich. Denn Djalilas Vorstellungen von einer Ehe sind so ziemlich das Gegenteil von Ghanous Vision. »Ich bin sehr ehrgeizig«, sagt sie. »Ich will berufstätig bleiben und mich weiterbilden.« Kinder? »Vorläufig nicht. Ghanou allerdings hört nicht auf, darüber zu reden.«

Djalila hat auch keineswegs die Absicht, Kopftuch zu tragen, wie Ghanou es gerne hätte und ihre Mutter, die Kindergärtnerin, oder ihre Schwestern es tun. »Wir haben eine richtige Kopftuchwelle«, klagt auch sie. »Angefangen hat es in den Jahren des Terrorismus.« In ihrer Bank, die Franzosen gehört, trägt allerdings nur jede fünfte Frau ein Kopftuch.

»Ich habe immer davon geträumt, in Europa zu leben. Da hat man mehr Freiheiten als Frau«, sagt sie. »In einem islamischen Land hat man Grenzen. Abends kann ich noch nicht mal allein ausgehen. Und eine Frau, die Sex vor der Ehe hat, ist eine Hure.« Djalila gerät ins Schwärmen: »Ich liebe es zu reisen. Ich will die Welt entdecken!«

Ohje. Wie soll das nur weitergehen?

Da kommt Ghanou mit Bettina zurück vom Dach. Djalila serviert das Essen. Vier Gänge. Alles köstlich. Die à la Nouvelle Cuisine dekorierten Teller würden jedem Gourmetrestaurant zur Ehre gereichen.

Am späten Abend bringt Ghanou uns zurück nach Beaulieu. Er nimmt Djalilas Auto, weil seines zugeparkt ist. Im Auto müssen wir erst mal die Schuhe wegräumen. Djalila hat einen Schuhtick. »Ich habe 100 Paar Schuhe!«, jubelt sie. Die passen aber nicht alle in die kleine Wohnung, also sind sie im Kofferraum ihres Autos untergebracht, aber inzwischen bis auf den Rücksitz gekrochen: High Heels, Sandalen – und Boots. Zum Durchschreiten der Welt.

Ein halbes Jahr später erreicht mich kurz vor Druck dieses Buches die Nachricht: Ghanou und Djalila haben sich getrennt.

8

Die *Milk Bar* und das Attentat. Souhila und Maroua

Es regnet. Meine algerischen Freundinnen und Freunde stöhnen gerne über die Trockenheit. Aber immer, wenn ich in Algerien bin, regnet es. »Du bringst uns Glück«, feixt Djamila. Wir frühstücken im Esszimmer, unter Frauen. In der Küche sitzt Zahar mit seinem achtjährigen Enkel Kamyl. Die beiden wollen gleich zusammen in die Moschee gehen. Es ist Freitag.

Wir wollen mit Lilia in die Stadt fahren. Ich habe sie gebeten, mit uns in die *Milk Bar* zu gehen. Lilia ist 40 Jahre alt. Sie ist Juristin, arbeitet aber im Management des *Sofitel,* als Betreuerin für die ausländischen Gäste. Ihren Traumberuf Anwältin hat sie aufgegeben, »nachdem ich gesehen habe, was Anwälte für unmoralische Sachen machen, nur um um jeden Preis ihre Klienten rauszuhauen«.

Mit Lilia ziehen wir also jetzt los in ihrem klapprigen Auto. Sie verpasst nicht den sarkastischen Kommentar auf der Höhe des Moscheenbaus (»Horror!«). Doch vor der *Milk Bar* will Lilia uns noch das Palais des Raïs zeigen. Der Sitz der Korsarenkapitäne und ihrer Seeleute liegt direkt neben dem Hafen. Korsaren? Ich recherchiere rasch noch im Internet. Wir Europäer nennen sie Sarazenen. Die zogen zwischen dem 16. und 18. Jahrhundert nach Europa, um zu plündern und Menschen als Sklaven nach Algier, Tunis und Tripolis zu verschleppen. Die Piraten segelten entlang der italienischen und spanischen Küsten, bis hoch nach Irland und Island. In den drei Jahrhunderten ihrer Schreckensherrschaft raubten sie eine Million Menschen. Einer von ihnen war der spanische Dichter Cervantes. Der leistet fünf Jahre lang Frondienste in Algier, vermutlich nicht unweit des Palais des Raïs.

Lilias Sohn Kamyl, der mit uns kommt, ist schon außer sich vor Vorfreude. Denn der Ort, der heute ein Heimatmuseum beherbergt, ist einer der schönsten und dramatischsten von Algier. Die festungsartigen Gebäude erstrecken sich über viele Tausend Quadratmeter. Im Hauptpalais befindet sich ein prächtiger Innenhof mit gut erhaltenen blauweißen Mosaiken und kunstvollen Holzgeländern. Und auch die Nebengebäude, einst Herbergen für Seeleute, sind gut restauriert.

Doch als wir ankommen im Palais des Raïs, das heute »Bastion 23« genannt wird, stehen wir vor verschlossenen Gittern. Heute ist geschlossen, weil am Nachmittag eine offizielle Festlichkeit mit dem Kulturminister stattfinden wird. Enttäuscht machen Bettina, Kamyl und ich kehrt – doch wir haben nicht mit Lilia gerechnet.

Die entdeckt hinter den Gittern einen einsamen Museumswärter und legt los: Ob wir nicht doch mal eben reinkönnen? Nur ganz kurz! Schließlich seien ihre Gäste von weit her gekommen, nur um das wunderbare Palais des Raïs zu besichtigen. Und das sei die letzte Gelegenheit, denn morgen müssten sie zurückfliegen nach Deutschland.

Der Museumswärter, ein gestandener Mittdreißiger in Jeans und Lederjacke, schaut die wild gestikulierende Lilia zögernd an. Und die legt nach. Das Allerschlimmste sei, dass sie schuld sei an diesem Missverständnis. Ihre Gäste hätten ja eigentlich schon gestern kommen wollen. Aber sie hätte uns auf heute vertröstet. Und nun ... Wie stehe sie denn da? Dass ihre Gäste nun ausgerechnet diesen historischen Ort nicht sehen würden?! »Und alles ist nur meine Schuld. Ganz allein meine Schuld. Was für eine Schande!«

Kurzum: Die algerische *Ehre*, die *Nif,* steht auf dem Spiel. Nun kann auch der Museumswärter nicht mehr widerstehen. Er öffnet das quietschende Tor und lässt uns vier rein. Sodann beginnt seine stolze Führung. Über eine Stunde lang rennen wir treppauf, treppab, durch die verwinkelten Gänge des Piratenpalastes. Die Mauern sind dick und die Räume klein: alkovenartige Schlafräume, Damenkemenaten, Herrenzimmer, Essräume. Und immer wieder durch schartenartige, bleiverglaste Fenster Ausblicke aufs Meer.

Unser beeindrucktes Staunen befeuert den Museumswärter mehr und mehr. Auch Lilias Charme mag eine Rolle spielen. Kamyl wird noch nicht einmal gerügt, wenn er in den thronartigen roten Samtsesseln Platz nimmt. Und wir bekommen sogar einen geheimen Ort gezeigt: Durch eine verdeckte Tür am Ende eines krummen Ganges betreten wir einen Raum mit langer bestuhlter Tafel und Meeresblick, in dem, so erfahren wir, bis heute wichtige Versammlungen stattfinden. Von Politikern? Geschäftsleuten? Das will unser Führer nicht verraten. Nun, moderne Piraten vielleicht.

Zu guter Letzt treten wir auf die Terrasse, wo zu Kamyls

Freude noch eine mächtige Kanone steht. Hier haben wir die weite Bucht bis hin zur Hauptmole von Algier mit dem Hafenamt vor uns liegen. Unser Museumswärter und Lilia sind inzwischen in ein professionelles Gespräch vertieft. Ach, im *Sofitel* arbeitest du? (Die Algerier duzen sich alle untereinander.) Ist da nicht auch mal eine Stelle frei, die für mich geeignet wäre? Lilia verspricht, sich zu erkundigen. Und sie vergisst das großzügige Trinkgeld nicht. Das scheint hier passend zu sein. Aber vielleicht sieht Lilia das auch nur anders als der stolze Bruder.

Die *Milk Bar* liegt im Herzen der Stadt, in dem schönen alten Kolonialviertel. Damals, in den Fünfzigerjahren, war sie ein beliebter Treff für Algerier-Franzosen. Bei mir in Wuppertal hieß die Milchbar *Bel Étage,* hier war und ist es die *Milk Bar.* Aber in Algier waren andere Zeiten als in Wuppertal. Der Widerstand gegen die Kolonialherrschaft erschüttert das Land, täglich gab es Tote, auf beiden Seiten.

Am 30. September 1956 zogen drei junge Frauen aus dem algerischen Widerstand los, um Bomben zu legen. Zwei Bomben zündeten: darunter die von Zohra Drif in der *Milk Bar.* Folge: drei tote junge Frauen und ein Dutzend Verletzte, darunter ein paar Kinder. Ein Jahr später wurde Zohra Drif, aktive Kämpferin im Untergrund, verhaftet. Sie kam ins Gefängnis nach Frankreich. 1962 wurde sie von General de Gaulle begnadigt.

Mit dieser Zohra Drif bin ich später verabredet. Darum will ich mir heute die *Milk Bar* ansehen.

Die *Milk Bar* sieht aus, wie ein Inplace in einer Metropole so aussieht: cooles Design, weiße Plastik-Chrom-Stühle, klare Glastische, Chromtheke, riesige Scheiben zur Straße. Doch wir kommen kaum zur Vergangenheit. Die Gegenwart holt uns ein.

Das Zentrum von Algier

Die berüchtigte Milk Bar

Gespräch mit Kolleginnen

Im Palais der Sarazenen

Kaum sitzen wir, kommen zwei junge Frauen rein und setzen sich an den Nebentisch. Die eine trägt offenes, langes blondes Haar, die andere trägt Kopftuch. Sie scheinen sich gut zu kennen. Lilia guckt uns an und sagt: Soll ich? Es war klar, was sie meint. Wir hatten gerade – mal wieder – übers Kopftuch geredet.

Lilia steht auf, geht an den Nebentisch und sagt: »Entschuldigt, wir reden gerade über das Kopftuch. Und ihr seid ja offensichtlich Freundinnen, eine mit und eine ohne Kopftuch. Wollen wir mit meinen Freundinnen, Journalistinnen aus Deutschland, nicht zusammen darüber reden?« Die beiden sind nur kurz überrascht und kommen dann an unseren Tisch.

Es stellt sich heraus: Sie sind Journalistinnen. Souhila, 29 (ohne Kopftuch) und Maroua, 27. Es entspannt sich ein sehr angeregtes Gespräch. Zunächst geht es um die allgemeine Politik. Dann um die Frauen. Und sodann um die Bombe von Zohra Drif.

Die jungen Kolleginnen arbeiten bei zwei unterschiedlichen Tageszeitungen. Beide wohnen noch zu Hause, obwohl sie 27 und 29 Jahre alt sind. Das ist so in Algerien. Da lebt eine Frau entweder bei den Eltern oder sie heiratet. Souhila würde gerne ins Ausland gehen, aber vor zwei Jahren ist ihr Vater krank geworden. Also bleibt sie hier und kümmert sich mit um seine Pflege. Bei Maroua stellt sich die Frage gar nicht erst: Sie kommt aus einer konservativen muslimischen Familie.

Beide sind interessiert, den Ausländerinnen ihre politische Sicht der Lage darzulegen. Für sie ist der Krieg, den der Westen gegen Libyen geführt hat, ein Skandal. »Gaddafi wollte eine maghrebinische Union: mit Libyen, Algerien, Tunesien, Marokko, Mauretanien – das hat dem Westen nicht gepasst.« Und Maroua fügt entschlossen hinzu: »Algerien passiert so was nicht. Unsere Regierung ist hart, aber gerissen. Wir haben gute Kontakte zu den USA *und* zu Russland. Bei uns interveniert niemand!«

Allerdings machen die beiden sich Sorgen über die ökonomische Krise. Die Preise steigen, die Löhne nicht. »Manchmal kriegen wir unser Gehalt erst nach vier Monaten«, sagen sie. Gleichzeitig freuen die Journalistinnen sich über die Meinungsfreiheit.

Und die Frauen? »Die sind heute freier als früher«, finden sie. »Wir haben mehr Gleichberechtigung. 45 Prozent aller Frauen sind berufstätig.« Ich werde die Zahl später recherchieren. Die 45 Prozent sind etwas optimistisch, es sind 17 Prozent: Zwei Millionen Algerierinnen sind heute berufstätig. Aber so viele waren es noch nie. Souhila fährt fort: »Und 12 Millionen Frauen zwischen 25 und 40 sind nicht verheiratet. Allerdings leben die dann in ihren Herkunftsfamilien.« Und Maroua fügt hinzu: »Wir Algerierinnen bleiben ja auch juristisch lebenslang abhängig von Vater, Bruder oder Ehemann. Wir sind unmündig, haben einen Vormund.«

Das ist so selbstverständlich für die beiden, dass sie sich darin zu schicken scheinen. Wobei Souhila rebellischer wirkt. Maroua ist zurückhaltender. Es ist ihr auch ein wenig peinlich, dass sie schlecht Französisch spricht. Ihre Muttersprache ist Arabisch. Jüngst war sie »mit einer konservativen Freundin« hier in der *Milk Bar.* Das war Silvester. »Feuerwerkskörper knallten. Und da hat sich meine Freundin wahnsinnig erschrocken. Sie hat gesagt: ›Stell dir vor, das wäre eine Bombe gewesen, und mir wäre hier etwas passiert ... Oh Gott, meine Eltern!‹«

Maroua lacht noch im Nachhinein. Für die Eltern ihrer Freundin wäre das größte Problem nicht gewesen, *dass* etwas passiert, sondern *wo* es passiert. Die *Milk Bar* umweht offensichtlich immer noch ein Hauch von libertärem Frankreich, von Dekadenz.

Wir kommen auf das Attentat von Zohra Drif. Was meinen die beiden, die die Enkelinnen von Drif sein könnten, dazu? Sie finden es beide richtig! »Die Franzosen haben ja auch viele Verbrechen begangen«, sagt Souhila. Und Maroua fügt entschlossen hinzu: »Ich hätte es auch getan!«

Erst nachdem die beiden gegangen sind, realisieren wir: Wir haben ganz vergessen, über das Kopftuch zu reden. Zwischen uns dreien beginnt ein nachdenkliches Gespräch über das Attentat von Drif. »Ich weiß nicht«, sagt Lilia. »Das müsste Drif heute doch belasten. Drei Tote. Krieg, das ist Soldaten gegen Soldaten – aber doch nicht gegen unschuldige Zivilisten. Das darf man nicht tun.« Bei dem späteren Gespräch mit Lilia und ihrem Mann Karim werden wir begreifen, warum sie so besonders sensibilisiert ist für die Seite der Opfer.

Doch gleichzeitig ist Lilia stolz auf die Widerstandskämpfer und -kämpferinnen, auch auf Zohra Drif! Und bei jedem Namen, der jetzt fällt, googelt sie sofort die Informationen. Zum Beispiel der Widerstandskämpfer Larbi Ben M'hidi, der nach seiner Entdeckung lächelnd zur Guillotine schritt (sie zeigt mir stolz das Foto). Oder der algerische Jude Maurice Audin, ein Mathematiker, der sich dem algerischen Widerstand angeschlossen und das mit dem Leben bezahlt hat.

Und was sagt Lilia zum islamischen Antisemitismus? »Antisemitismus? Das ist mir fremd. Manche Juden haben uns ja sogar im algerischen Befreiungskampf beigestanden, wie Audin. Aber ich bin für die Existenz eines palästinensischen Staates.«

Wir müssen los. Ich bin am Mittag mit Zohra Drif verabredet. Und mit Khalida Toumi, ebenfalls ein politischer Mythos, aber ein moderner. Bettina und Djamila werden bummeln gehen und mich in zwei Stunden abholen.

9

Begegnung mit Khalida Toumi und Mujahedda Zohra Drif

Ich kenne Khalida Toumi seit 1992. Damals hieß sie noch Messaoudi, inzwischen hat sie ihren Mädchennamen wieder angenommen. Khalida ist Kabylin und kommt aus einer Marabout-Familie. Das Berbervolk aus den Bergen strebte schon immer nach Unabhängigkeit. Die Frauen sind unverschleiert, tragen nur das Trachtenkopftuch. Die Marabouts sind die moralischen und intellektuellen Autoritäten ihres Volkes, sie heiraten nur untereinander. Die Eltern von Khalida zogen in die Hauptstadt; die Tochter studierte zunächst Kunst, dann Mathematik, die sie auch lehrte. Khalidas Mutter fand das »unweiblich«.

Der Versuch der Islamisten, die Macht zu ergreifen, hat Khalidas Leben in seinen Grundfesten erschüttert. Ihre öffentliche Kritik an den Gotteskriegern bescherte ihr eine Fatwa, ein Todesurteil des GIA, der bewaffnete Arm des FIS (Front islamique du salut). Khalida schlief fünf Jahre lang jede Nacht in einem anderen Bett. Sie war die Feindin Nr. 1 der Gotteskrieger.

1992 moderierte ich eine Talkshow im Hessischen Rundfunk (»Zeil um Zehn«). Nicht zuletzt dank Djamila wusste ich, was wirklich los war in Algerien. Ich lud Khalida ein. Sie sollte den Deutschen von der anderen Seite erzählen – von den Opfern der (pseudo)religiösen Fanatiker und der drohenden Gefahr, dass Algerien ein Gottesstaat wird. Khalidas Auftritt an diesem Freitagabend war so beeindruckend, ja erschütternd, dass die Menschen in Frankfurt noch am nächsten Tag in Grüppchen auf der Straße standen und darüber diskutierten.

Sechs Jahre später hielt die Algerierin dann auf einem Symposium des FrauenMediaTurm in Köln zu »50 Jahre ›Das andere Geschlecht‹ von Simone de Beauvoir« eine erhellende Rede über die fatalen Folgen des Kulturrelativismus und Differenzialismus. Sie sprach von einer »Kulturfalle«, in die die westlichen Länder voll getappt seien: »Sie glauben, unsere Unterdrückung sei eine kulturelle Frage – und wollen nicht verstehen, dass sie eine rein politische Frage ist. Aus unserer Geschichte und Kultur lässt sich die Unterdrückung der Frauen ebenso wenig ableiten wie aus der der westlichen Länder – auch wenn das so mancher algerische Mann gerne hätte. Die Universalität der Menschenrechte muss, unabhängig von Geschlecht, Hautfarbe oder Religion, für alle gelten!«

Und Khalida fuhr fort: »Wir leiden unter der rassistischen Sichtweise, Universalität sei geografischen Grenzen unterworfen und nicht überall gültig. Wir brauchen bei unserem Kampf gegen die Unterdrückung der Frauen in den islamischen Ländern die Hilfe und Unterstützung der europäischen Länder. Ich werde darum mein ganzes Leben lang den wenigen Europäern dankbar sein, die sich nicht täuschen ließen und gleich verstanden haben, worum es in Algerien wirklich ging.«

2002 kam Khalida erneut nach Deutschland, diesmal auf Einladung der Akademie Tutzing. Inzwischen war die jahrelang Gehetzte als Parteilose Abgeordnete im algerischen Parlament. Ihre Partei »Vereinigung für Kultur und Demokratie« (RCD) hatte sie ausgeschlossen, Vorwand: Die Sympathie der Kabylin für die Aufstände in der Kabylei. Ihre Freunde waren nun ebenfalls ihre Feinde geworden. Bitter resümierte Khalida: »Beide, Islamisten wie Demokraten, haben uns als Frauen im Visier.«

Die Algerierin klagte in einem Interview mit mir darüber, dass Deutschland in den Jahren des Terrors Hunderten bekennenden Islamisten Asyl gewährt habe (sie leben bis heute unter uns), auch FIS-Politikern und Männern aus dem bewaffneten Untergrund, die Hunderte, ja Tausende Tote zu verantworten hatten. Ihnen allen wurde Asyl gewährt, weil ihnen in ihrer Heimat für ihre Verbrechen die Todesstrafe drohte. Darunter auch Rabah Kebir, der Chef des FIS, der in Köln lebt. Der algerische Geheimdienst vermutete damals, dass Kebir nun von Deutschland aus die Fäden zog. Kommentar des deutschen BKA auf eine Anfrage von *Focus:* »Deutschland ist für die FIS heute ein flotter Ruheraum.«

Die algerischen Terroristen lebten und überlebten also nicht nur dank der Milliarden Petrodollars aus arabischen Ländern, sondern auch dank der Unterstützung des Westens. Auch daran verzweifelt eine algerische Demokratin wie Khalida. »Wir haben es mit einer einflussreichen fundamentalistischen Internationale zu tun«, erklärte sie schon 1998, drei Jahre vor 9/11. »Doch ohne die Unterstützung der Frauen- und Menschenrechtler der westlichen Länder verlieren wir diesen Kampf um Leben und Tod.«

Die AlgerierInnen haben diesen Kampf halb gewonnen, halb verloren. Sie haben zwar die marodierenden und mordenden Islamisten besiegt, doch sie haben heute das Problem einer religiösen Radikalisierung. Zu erklären ist das nicht nur durch die einst aus Ägypten importierten Muslimbrüder und die Traumatisierung der Schwarzen Jahre. Es liegt tiefer, hat auch etwas mit dem zu tun, was Bourdieu die »kollektive Melancholie« genannt hat.

Der französische Soziologe, der im Algerienkrieg gedient, aber gleichzeitig und später dort geforscht hat, schrieb 1964: »Die kollektive Melancholie ist Ausdruck von Ratlosigkeit, ja Angst, und ein Zeichen für das Schwinden der ehemals geltenden Solidaritätsbeziehungen.« Der »Zusammenbruch des Wertesystems« durch die Kolonialisierung habe beschleunigt, dass das zuvor mit der gesamten Gruppe identifizierte Individuum nun nicht mehr »vor der Entdeckung seines Alleinseins« geschützt sei. Diesen Schutz suchen heute immer mehr Algerier in dem starren Korsett eines rigiden Islam.

Was auch dem algerischen Schriftsteller Boualem Sansal Sorgen macht. Der schärfste Analytiker des algerischen, ja weltweiten Siegeszuges der Islamisten sieht schwarz, sehr schwarz. Er kritisiert in einem aktuellen Essay, die »Narren Allahs«, dem »verunsicherten Regime« sei schon in den 80er-Jahren der »revolutionäre Elan und die heroische Aura abhandengekommen«, und es habe sich »mit empörender Eilfertigkeit« die Forderungen der religiösen Fanatiker zu eigen gemacht. Hinzu käme die »falsche Toleranz« des Westens gegenüber den Islamisten. Das Morden in den Schwarzen Jahren nennt Sansal einen »Völkermord – doch niemand griff ein«. Bilanz: »Eine zerschlagene Volkswirtschaft, ein zerstörtes Land, irreparable soziale und moralische Blessuren; die moderne Elite des Landes dezimiert – und auf längere Zeit ein gewaltiger Imageschaden für das gesamte algerische Volk.«

Eine, die versucht hat, gegenzuhalten und Algerien wieder mit aufzubauen, ist eben Khalida Toumi. 2003 trat sie in die Regierung Bouteflika ein und wurde Ministerin für Kultur und Kommunikation. Manche aus der außerparlamentarischen Opposition nahmen ihr, der Heroine des Widerstandes, übel, dass sie ein Regierungsamt übernahm. 2014 wechselte die Regierung. Die Unbeugsame ging. Ihr Vorwurf heute: Erstarrung und Korruption. Sie hat, wie so viele, den Verdacht, dass der schwer kranke 80-jährige Bouteflika in die Hände von Manipulateuren geraten ist.

Es ist nicht einfach, das Haus zu finden. In der Nähe der Kunsthochschule. Treppen runter, Treppen rauf. Endlich. Das lindgrüne Tor. Ich klopfe. Khalida öffnet. Große Umarmung. Wiedersehen nach so vielen Jahren. Hinter dem Tor ein kleiner Innenhof und zwei einstöckige im Rechteck ineinander verschachtelte Häuser. Hier, mitten im Zentrum von Algier, wohnt also die Frau, von der mir alle in Algerien sagen: Wir wissen nicht, wo sie ist. Sie ist verschwunden. Es heißt, sie lebe jetzt in Paris.

Khalida hat eine Schürze umgebunden und sagt: »Schnell, schnell, Alice, kommt mit mir in die Küche. Mein Brot verbrennt.« Und nun erfahre ich, dass sie nach dem Tod des Vaters ins Elternhaus zurückgezogen ist, um ihre schwerkranke, demente Mutter zu versorgen.

Und während wir in der kleinen Küche stehen und Khalida den Brotteig klopft, erzählt sie: »Wir sind vier Geschwister, aber die anderen drei kommen nur einmal im Monat zu Besuch. Früher hat unsere Mutter für uns jeden Tag frisches Brot gebacken. Jetzt mache ich das für sie. Ich backe jeden Tag Brot, und wenn die Pflegerin ihr das bringt und sagt: ›Das hat deine Tochter Khalida für dich gebacken‹ – dann lacht meine Mutter jedes Mal schallend los. Sie lacht und lacht. Sie kann es einfach nicht fassen, dass ich Brot backe.«

Ich kann es auch kaum fassen. Die Intellektuelle mit Schürze in der Küche Brot backend – nein, darauf war ich nicht gefasst. Denn klar, die studierte Mathematikerin ist das, was wir in der Psychologie eine »Vatertochter« nennen, ein Mädchen, das sich nicht mit der Mutter, sondern mit dem Vater identifiziert. Und Väter backen in Algerien kein Brot. Aber sie ist eben trotz alledem auch eine Frau. Und alle Algerierinnen können kochen und backen, vor allem: Sie würden niemals ihre Eltern allein lassen. Der Zusammenhalt zwischen den Generationen ist eng und die Pflicht der Töchter groß.

Nachdem alle Fladenbrote für die Mutter und für uns gebacken sind, gehen wir in einen großen Wohnraum mit viel moderner, abstrakter Kunst an den Wänden und wunderschönen Kissen mit arabesken Mustern. Zum Omelett mit Salat kommt Zohra Drif dazu, die gerade eine politische Versammlung nebenan hatte. Die Mujahedda, die bis vor einem Jahr eine hochrangige Politikerin des FLN und zeitweilige Senatspräsidentin war, ist heute 82 Jahre alt. Auf den ersten Blick sieht die Tochter aus gutem Haus und diplomierte Juristin aus wie eine kultivierte Dame, die zum Lesekreis kommt. Auf den zweiten liest man in ihrem Gesicht ihre Geschichte und ihre politische Leidenschaft.

Bis heute ist Zohra Drif Legende wegen des bereits erwähnten Attentats: Am frühen Nachmittag des 30. September 1956 betrat die damals 21-jährige Jurastudentin durch eine Seitentür die *Milk Bar,* im Sommerkleid und mit Strandtasche, in der Tasche die Bombe. Die war so eingestellt, dass sie in 25 Minuten zünden würde. Zohra setzte sich auf einen der Barhocker und bestellte ein Peche-Melba-Eis. Nach 20 Minuten verließ sie zügigen

Zohra Drif heute

Attentäterin Zohra 1957

Khalida Toumi in Köln

Leidenschaftliche Diskutantinnen

Schrittes die *Milk Bar.* Als die Bombe detonierte, war sie schon fast an der Uferpromenade.

Drei tote junge Frauen und ein Dutzend Verletzte. Zohra Drif, die Teil einer Widerstandsgruppe ist, wird erst ein Jahr später gefasst und vom Militärtribunal zu 20 Jahren Zwangsarbeit verurteilt. De Gaulle wird sie 1962 nach fünf Jahren begnadigen.

Zohra machte weiter Politik, von nun an legal und im Parlament. In den vergangenen Jahrzehnten gehörte Zohra Drif zusammen mit anderen Frauenrechtlerinnen zu den schärfsten Kritikerinnen des Code familial, der von ihrem verstorbenen Mann, Rabah Bitat, einem führenden Politiker des FLN, mit verabschiedet worden war. Das nach langen quälenden Debatten von der sozialistischen Militärregierung 1984 neu formulierte Familienrecht ist quasi wie das alte. Der reformierte Code familial beließ es dabei, dass Frauen nach dem Gesetz Unmündige sind, abhängig von Vater, Bruder oder Ehemann. Über die Ehe entscheidet der männliche Vormund, und auch darüber, ob eine Frau zum Beispiel ins Ausland fahren darf. Die Polygamie ist gesetzlich erlaubt, mit bis zu vier Ehefrauen, und der Ehemann kann seine Frau immer noch quasi verstoßen. Das Familienrecht gilt bis heute. Und es ist ähnlich in allen islamischen Ländern.

Im Kampf gegen die Kolonialherren waren Algerierinnen wie Zohra Drif gut genug gewesen, ihr Leben zu riskieren – nach der Befreiung waren sie nicht gut genug, in Freiheit zu leben. Ihre bitteren Erfahrungen konnten jedoch weder die Iranerinnen noch die Palästinenserinnen und andere daran hindern, in die gleiche Falle zu tappen. Jedes Mal glaubten die engagierten Frauen an eine Befreiung für alle – und mussten dann feststellen, dass ihre einstigen Kameraden zwar mit ihnen gemeinsam um die Macht kämpften, die Frauen aber nach dem Sieg wieder vereinzelt und unterdrückt wurden.

Aber die Frauenfrage liegt im Jahr 2017 für uns alle drei so klar auf der Hand, dass wir in unserem Gespräch kaum Zeit darauf verwenden. Wir sind uns einig. Die Frauen müssen sich zusammentun, müssen zum Machtfaktor werden – solange das nicht geschieht, werden sie immer wieder untergebuttert werden.

Wir sprechen über die Weltlage. Zohra und Khalida sind außer sich über das, was in Libyen geschehen ist. »Wir haben der Welt alles erklärt. Jeder konnte es wissen«, sagt Khalida. »Gaddafi war unser verrückter Bruder, aber unser Bruder. Er war ein afrikanischer Held und hätte eine Union für den ganzen Kontinent schmieden können. Es ist keineswegs ein Zufall, dass man ihn beseitigt hat.«

Inzwischen bereut Amerika selber die Bombardierung von Libyen. Die Folgen bezahlt vor allem Europa, mit einem hohen Preis. Aber es ist zu spät. Wie im Irak. Doch trotz der Erfahrung mit dem Irak gehen die fatalen Interventionen weiter. Immer weiter.

Die engagierten Algerierinnen können es kaum fassen. Ihr Misstrauen mit dem Westen ist groß, sehr groß. »Wir haben heute eine Mediokratie«, sagt Zohra und schenkt mir Tee nach. »Es gibt in den westlichen Medien nur noch eine Stimme, keine Opposition mehr. Man darf nichts mehr sagen. Das hat es noch nie gegeben.« Und Khalida fügt hinzu: »Der Krieg gegen Syrien ist in Wahrheit ein Krieg gegen Iran.«

Die beiden Freundinnen halten Russland, China und Iran für die großen, ernst zu nehmenden »Gegenspieler des westlichen Imperialismus«. Jüngst haben sie zusammen eine Reise in den Iran gemacht – und kamen beeindruckt zurück. »Die Frauen im Iran sind heute relativ frei«, sagen sie zu meiner Überraschung. »Auch gesteinigt wird nicht mehr. 37 Jahre Embargo – und dennoch sind die Kinos und Theater voll und die Felder gut bestellt.«

Ich lenke das Gespräch noch einmal auf die Geschichte von Zohra Drif. Was sagt sie heute? War es richtig, die Bombe in die *Milk Bar* zu legen? »Ja«, sagt Zohra. »Ich würde es wieder tun!« Und sehr bestimmt fährt sie fort: »Wir waren im Krieg. Wir hatten Tausende Tote zu beklagen. Wir haben zu den Waffen gegriffen, um die Kolonisatoren zu bekämpfen. Das System ließ uns keine andere Wahl.«

Fünfzig Jahre nach der Befreiung Algeriens, im Jahr 2012, wurde Drif zu einer Diskussion in Marseille eingeladen. Da tauchte überraschend eines ihrer damaligen Opfer auf: Danielle Michel-Chich, die als Kind am 30. September 1956 in der *Milk Bar* war. Sie warf Drif »Unmenschlichkeit« vor. Drif antwortete: »Rein menschlich gesehen sind alle Dramen, das Ihre wie das unsere, überwältigend. Aber es war für uns keine persönliche Konfrontation. Wir waren im Krieg.«

Als ich gehe, drückt Khalida mir hastig ein dickes Buch in die Hand. 670 Seiten. Die Widmung an sich hat sie herausgerissen. Es liegt ihr daran, dass ich dieses Buch mitnehme. Es sind die Lebenserinnerungen von Zohra Drif, die gerade erschienen sind, »bevor es zu spät ist«: »Memoires d'une combattante de l'ALN« (Erinnerungen einer Kämpferin der Action de Libération Nationale). Auf dem Titel ist eine junge Frau zu sehen, in einer ärmellosen Bluse und mit einem Blick, der scheu und entschlossen zugleich ist. Sie ist umringt von schwer bewaffneten Soldaten. Es ist der Moment ihrer Verhaftung. Auf der Rückseite des Buches schreibt die Partisanin: »Wir haben unsere Handlungen nie bereut.«

Draußen auf der Straße kann ich es kaum erwarten, die Stelle in den 670-Seiten-Erinnerungen aufzuschlagen, die Khalida mir mit einem Zettel markiert hat. Ich nehme an, es ist das Attentat in der *Milk Bar*. Aber nein, es ist ein Ereignis zweieinhalb Monate zuvor, am 14. Juli 1956. Da wird auf Seite 147 berichtet, wie nur im letzten Augenblick verhindert werden konnte, dass die »Ultras« in der Nacht des 14. Juli 80 000 Menschen in der Casbah verbrannt hätten.

Die Ultras waren der rechte Flügel des französischen Militärs (später: OAS). Sie hatten, so der Bericht, im Getümmel des Feuerwerkes zum französischen Nationalfeiertag folgenden infamen Plan: Sie fuhren mit gefüllten Tankern auf die Spitze des Casbah-Hügels, um das Benzin die Gassen der Casbah runterlaufen zu lassen und anzuzünden. In dem engen Gassengewirr wäre aus einer in Flammen stehenden Casbah kaum einer entkommen. Algerier entdeckten diesen sinistren Plan, stellten sich zu Hunderten den Tankern entgegen, »mit bloßem Oberkörper«, und verhinderten so das Massaker.

Die Botschaft von Khalida und Zohra an mich ist klar: Auf so viel Gewalt konnten wir nur mit Gewalt antworten.

10

Bummel mit Sarah, der traurige Musiker, Fodil im *California*

Heute gehen wir mit Sarah auf Tour. Das Programm lautet: Botanischer Garten, Stadtbummel und *Café California*.

Die 24-jährige Sarah könnte scheinbar genauso gut in Berlin oder Paris leben. Scheinbar. Sie kleidet sich frech, im Ausland gerne Miniröcke und High Heels, hört Rihanna und Céline Dion, ihr Handy ist für sie wie die Luft zum Atmen, und sie ist permanent auf Instagram. Am Wochenende geht sie mit ihren Cousins und Cousinen aus, »Tanzen oder Abhängen«, gern auch zum Karaoke. Abends allein oder mit nur einer Freundin ausgehen, das wäre allerdings undenkbar. Seit einem Jahr hat sie ihr eigenes Auto, ohne könnte sie das Haus nicht verlassen. Die U-Bahn unweit ihres Elternhauses ist gerade erst im Bau.

»Ich bin nicht eingeschlossen«, sagt Sarah, »aber auch nicht wirklich frei. In einem anderen Land würde ich vielleicht alleine leben, aber hier ist das schwer. Papa und Mama würden es nie erlauben. Freundinnen, die alleine leben, sagen es nicht. Aus Sicherheitsgründen. Und die Eltern rufen sie dauernd an. Aus Sorge.« Und aus Kontrolle.

Sarah besucht manchmal Verwandte in Frankreich. Was ist der Unterschied? »In Frankreich fühle ich mich sicher. Hier habe ich Angst. Und dann die Doppelmoral ... Mein Bruder war immer viel freier. Er konnte allein verreisen. Ich dürfte noch nicht mal mit Freundinnen verreisen.« Nachts guckt Sarah Netflix-Serien, gerade »Revanche«.

Ihr Studium der Infografie hat sie abgeschlossen, zurzeit jobbt sie beim Vater, Zahar, hofft aber, dass aus ihrer Bewerbung beim Hotel *Mercure* etwas wird. Am nächsten Freitag will sie mit uns auf eine Fahrradtour gehen, nur für Frauen. Das hat ein Mann initiiert, der Frauen ermutigen will, Fahrrad zu fahren, auch abends in der Stadt. Der Treffpunkt wird auf Facebook annonciert. Leider verpassen wir die Fahrradtour.

Auf dem Weg in die Stadt kommen wir wieder an dem unvermeidlichen Rohbau der Bouteflika-Moschee vorbei. Sarah: »Wenn die erst mal fertig ist, kommen Tausende von Pilgern. Was für ein Horror!« Ich frage mich, was Sarah wohl zu der monumentalen Moschee der Ditib in Köln sagen würde. Die Moschee in dem gewachsenen Viertel Ehrenfeld mit seinen zahlreichen Gassen ist die größte in Deutschland. Wohl nicht zufällig in Sicht des Doms, dem bedeutendsten christlichen Bauwerk des Landes.

Wir machen einen Zwischenstopp in dem wirklich märchenhaften Botanischen Garten mit seinen jahrhundertealten, majestätischen Bäumen. Als die Franzosen 1832 begannen, in dem ehemaligen Sumpfgelände den »Jardin d'Essay« anzulegen, war das für sie eine Art Laboratorium, in dem sie die aus aller Welt angekarrten Bäume und Pflanzen anbauten. Heute wachsen über 3000 verschiedene Pflanzenarten in diesem Versuchsgarten – und mindestens ebenso viele Menschenarten experimentieren im 21. Jahrhundert in Algerien. Einigen von ihnen begegnen wir an diesem Vormittag.

Sarah hüpft vor uns her und macht Snapshots, die sie umgehend auf Instagram stellt. Es sind jede Menge artiger Schulklassen unterwegs. Sie tragen Schuluniformen. Bis zum Alter von zehn, erklärt Sarah, tragen die Jungen Blau und die Mädchen Rosa.

Gleich am Eingang geraten wir in eine hochvergnügte, lärmende Schulklasse. Die etwa sechsjährigen Mädchen und Jungen amüsieren sich schon jetzt prächtig und werden später begeistert an den Mammutbäumen rumklettern; so richtig rauf dürfen sie allerdings nicht, da sind die strengen Lehrerinnen vor.

Wir gehen erst einmal nach links, wo die Baumalleen besonders dicht sind und die Kronen sich über uns schließen. Gleich auf der ersten Bank sitzen drei Kabylinnen und picknicken. Sie sind prächtig anzusehen in ihren farbenfrohen Kleidern und Kopftüchern, ihren Silberohrringen und -armreifen. Als wir stehen bleiben, bieten sie uns fröhlich an, mitzuessen. Die algerische Gastfreundschaft ist unschlagbar.

Wir schlendern dankend weiter, Sarah macht gerade ihr gefühlt zehntes Selfie und wird es, wie immer, umgehend auf Instagram posten. Weit entfernt von Instagram sind die zahlreichen jungen Paare in dem verwunschenen Teil des Gartens. In der Regel ist der Mann westlich gekleidet und sie verschleiert. Sie gehen Hand in Hand oder sitzen auf verschwiegenen Bänken. Das sieht nach heimlichem Rendezvous aus. Fotografiert werden wollen sie auf keinen Fall.

Ganz anders die sechs Jugendlichen, die uns jetzt entgegenkommen: drei Mädchen in Hosen, zwei von ihnen mit langem wehendem Haar, eine mit Kopftuch. Und drei lässige Jungen, die genauso in Köln oder London aussehen würden. Befragt, was sie verbindet, sagen sie: Wir sind in derselben Schulklasse.

Als wir raustreten aus den Baumreihen, ragt über uns auf dem Hügel das Makam Chahed auf: das algerische Unabhängigkeitsdenkmal, das an den heroischen Befreiungskampf und die über eine Million Opfer erinnern soll. Drei gewaltige stilisierte Palmblätter aus Beton ragen himmelwärts, an ihrem Fuß halten drei unbekannte bronzene Freiheitskämpfer Wache. Unter dem Palmendach flackert ein ewiges Feuer.

Wir gehen weiter unter den echten Palmenblättern und kommen auf eine große Rasenanlage mit Blumenrabatten. In der Mitte eine Fontäne. Davor steht ein junges Paar mit Kind. Sie ist in dunkelblaues Tuch gehüllt, voll verschleiert, auch das Gesicht. Er ist in einen braunen Burnus mit Takke, der Strickkappe, gewandet. Die kleine Tochter trägt ein weiß-rosa Rüschenkleidchen und frisch gebügelte Schleifen in den Zöpfen. Das ist mir schon öfter aufgefallen: Gerade die voll verschleierten Frauen haben besonders häufig kokett angezogene Töchter. Als lebten sie sich darin aus. Die beiden erzählen uns, dass sie aus dem Süden kommen, vom Rand der Wüste. Und nun schauen sie sich Algier an. Auf Bettinas Bitte hin posiert das Paar bereitwillig und freundlich vor der großen Fontäne.

Dann geht es weiter in die Innenstadt. Wir fahren zur Rue Hassiba Ben Bouali. Vor meinem inneren Auge habe ich den Dokumentarfilm von Ben Salama, den ich jüngst auf arte über Algerien in den 60er- und 70er-Jahren gesehen habe. Da waren die Algerier im Aufbruch, wie im Rausch. Sie genossen die neuen Freiheiten, tanzten und feierten auf der Straße, zum Beispiel auf der vom Meer auf den Hügel verlaufenden Rue Hassiba Ben Bouali.

Eine zufällige Begegnung

Sarah: Niemals ohne Handy

Die Begegnung mit dem traurigen Musiker

Fodil vor seinem Café

Auch heute ist die Geschäftsstraße voller Menschen, voller sehr unterschiedlicher Menschen. Frauen in Hosen und Röcken oder im Haik. Die Geschäfte wie bei uns, aber der Markt um die Ecke eher elend. Auf den Straßen viele Bettlerinnen und Bettler, das ist neu. Alles Flüchtlinge, sagen die Algerier.

Mir fällt ein melancholisch aussehender Mann auf, Anfang 60, in der Hand hat er ein verhülltes Musikinstrument, vermutlich eine Gitarre oder eine Oud, die algerische Laute. Ich komme mit ihm ins Gespräch. Tatsächlich, er ist Musiker. Und Kabyle. Er blüht auf, als ich mit ihm spreche. »Ich liebe die Europäer«, sagt er. »Weil sie die Musik lieben und die Kunst achten. Hier in Algerien werden die Künstler verachtet, ja zerstört.«

Er heißt Mustapha Sadi. In den Schwarzen Jahren war er drei Jahre lang in Italien, um zu überleben. Als er zurückkam, konnte er keinen Tritt mehr fassen. Den Algeriern war die Freude an der Musik vergangen. Mustapha ist quasi arbeitslos, hangelt sich von Gelegenheitsauftritt zu Gelegenheitsauftritt, spielt auf der Straße. Ich frage mich, ob er obdachlos ist. Zum Abschied schenkt er mir eine CD von sich: »Weil Sie mich respektieren.«

Mustapha hängt mir nach. Ich bereue noch tagelang, dass wir seine Einladung zum Kaffee nicht angenommen haben. Die Musik auf seiner CD, die er vor längerer Zeit mit seiner früheren Band aufgenommen haben muss, ist so melancholisch wie er.

Wir bummeln noch ein wenig durch die Straßen. Auffallend die vielen Blumenstände, die oft in Kiosken aus der Kolonialzeit untergebracht sind. Und auch die fliegenden Händler mit sehr billigen Kopftüchern. »Das ist nur, um die Frauen zum Kopftuchtragen zu bringen«, murrt Sarah. Bevor wir weiterfahren, fotografiert Bettina noch drei Mädels. Sie sind sehr cool, tragen alle drei Hosen und Schirmkappen. Eine richtige Mädchengang.

Es geht weiter zum *Café California,* wo wir zum Mittags-Snack angekündigt sind. Das Bistro gehört Fodil, dem ältesten Sohn von Djamilas Bruder Hocine, der Journalist. Der 43-jährige Fodil gilt als Globetrotter, ganz wie sein Vater. In den Schwarzen Jahren war er in Boston, Kalifornien und Barcelona. Seit sechs Jahren ist er wieder in Algier, arbeitet als Designer und hat das Bistro aufgemacht. Das *Café California* gilt bei der modernen Jugend in Algier als Inplace. Es liegt oben, auf einem der grünen Hügel, hat ein cooles Design und ist auch mittags gut besucht.

Fodil setzt sich zu uns und erzählt. Von den »Verletzungen und Narben der Algerier, aus der Kolonialzeit und den Schwarzen Jahren«. Und davon, dass der staatliche Protektionismus ihnen nicht nur gutgetan hat: »Immer sind die anderen verantwortlich.« Ein großes Problem ist in Fodils Augen der algerische Stolz. »Immer geht es um Respekt und Stolz. Okay. Aber die Leute sollten einfach mehr arbeiten, dann kommen sie auch zu was.«

Der algerische Stolz: »Wenn ein Algerier verreist, was packt er zuerst in seinen Koffer?« Wir sind ratlos. »Die algerische Flagge!« Der Stolz auf ihr Land hält auch 55 Jahre nach der Selbstbefreiung unvermindert an. Aber: Er macht auch manchmal blind. Und zu dünnhäutig. Wenn der Algerier sich nicht respektiert fühlt, also sein Stolz verletzt ist – ja, dann sieht er rot.

Wo sieht Fodil kulturelle Unterschiede zu Amerika und Europa? »Man darf sich nicht öffentlich küssen. Frauen dürfen nicht öffentlich rauchen und Männer nicht vor ihren Vätern«, sagt er. Und: »Wir haben einen großen Respekt vor den Eltern und den Alten. Der Familienzusammenhalt ist ein Vorteil. Darum bin ich nach all den Jahren im Ausland zurückgekommen.«

Fodil weiß sehr zu schätzen, »dass Algerien heute sicher ist. Wir haben großes Glück gehabt. Es könnte uns sonst gehen wie den Syrern.« Und nicht ohne Stolz sagt er: »Wir Algerier haben begriffen. Zum IS sind mehr Franzosen und Belgier gegangen als Algerier.« Aber Politik interessiert ihn nicht. »Ich werde nicht wählen. Ich will nur meine Ruhe.«

Der 43-Jährige lebt von seinen Honoraren als Designer, Design ist jetzt angesagt in Algerien, und vom *Café California*. Er setzt auf den Sport als verbindendes Element zwischen den Menschen und ist stolz auf seine Freundschaft mit dem Fußballspieler und Nationalhelden Zinédine Zidane.

Fodil ist – neben seinem Vater Hocine – der Einzige, der bei meiner Frage nach der Rolle der Algerier in der Kölner Silvesternacht nicht ausweicht. »Das sind junge Männer, die vernachlässigt wurden. Sie sind außer Kontrolle«, sagt er. »Aber ich verstehe nicht, dass ihr nichts tut gegen die Agitation in den Moscheen. Da fängt das ganze Übel doch an!«

Ein paar Wochen später wird mir sein Vater erzählen, dass Fodil in diesem Jahr zum ersten Mal nach Mekka gepilgert ist. »Mein Sohn war schon mit neun gläubig, ohne dass ihm jemals jemand etwas gesagt hätte«, sagt der Vater. »Damals habe ich zu meiner Überraschung zufällig gesehen, dass er in seinen Rucksack für das Ferienlager einen kleinen Gebetsteppich und einen Kompass gepackt hatte.« Den Kompass, um die Richtung nach Mekka zu sehen.

Ganz ehrlich: Damit hatte ich bei dem supercoolen Fodil nicht gerechnet. Warum eigentlich nicht?

11

Begegnung mit Moumene und Ghada im *El-Djazair*

Wir sind mit Moumene und Ghada im Hotel *El-Djazair* verabredet, dem früheren *George V.* Das auf halber Höhe eines der Hügel liegende Hotel ist ein legendärer Ort. Hier haben nicht nur Staatsmänner und Zelebritäten logiert, sondern in den 60er- und 70er-Jahren auch die viel Zitierten: Che Guevara, Nelson Mandela, Eldridge Cleaver. Sie haben sich von den Algeriern Unterstützung mit Rat und Tat geholt: Wie macht man das – sich aus eigener Kraft aus der Knechtschaft befreien?

Am Eingang werden wir kontrolliert wie am Flughafen. Beim Gang durch die Lobby sehen wir sie alle gerahmt an der Wand hängen. Plus Albert Camus. Und Simone de Beauvoir. Die war, zusammen mit Sartre, dem algerischen Befreiungskampf eng verbunden. Sie war es, die unter anderem für Mujaheddas wie Zohra Drif die Anwälte bezahlt hat. In ihren Memoiren beschreibt Beauvoir, wie sie vor 1962 oft »die Nächte durchgeweint« habe, aus Scham über das von den Franzosen verursachte Leid in Algerien. Mit ihrem Engagement wurden Beauvoir und Sartre auch in Frankreich zu Erzfeinden der Rechten. 1958 warfen die Fanatiker der OAS eine Bombe in die Wohnung von Sartre am Place Saint Germain. Die Wohnung brannte aus, Sartre überlebte nur durch Zufall.

Wir gehen durch die Lobby in den Garten, von wo aus man einen Traumblick auf die Bucht von Algier hat. Da sitzen sie: Moumene und Ghada. Er ist der Sohn von Akila, Djamilas ältester Schwester. Die beiden, 47 und 45 Jahre alt, haben erst vor vier Jahren geheiratet. »Ganz im Geheimen, ohne Fest«, merkt die Familie leicht missbilligend an.

Moumene ist Redakteur bei der Tageszeitung *La Tribune*. Und Ghada ist die Chefredakteurin der Maghreb-Ausgabe der *Huffington Post,* also zuständig für Algerien, Marokko und Tunesien. Sie erzählen, wie es angefangen hat mit ihrem Beruf. Das war 1999, nach den Schwarzen Jahren. »Da waren alle Journalisten tot oder im Exil. Wo waren da eigentlich unsere Kollegen im Ausland? Man hat uns total im Stich gelassen!«, klagt Moumene, der die Zeit in Frankreich überlebt hat. »Sie hatten 128 Journalisten ermordet, das war jeder vierte.« Und Ghada erinnert sich: »Wir waren danach sehr engagiert und voller Hoffnung. Wir legten los! Meist haben wir bis Mitternacht gearbeitet. Zeit zum Nachdenken hatten wir keine.«

Jetzt, 18 Jahre später, nehmen sie sich die Zeit zum Nachdenken. Der Enthusiasmus ist verflogen. »Algerien hat eine Chance verpasst«, sagen sie. »Dabei haben wir so ein riesiges Potenzial. Wir sind das größte Land Afrikas, wir haben junge, qualifizierte Leute en masse. Wir haben geopolitisch eine Schlüsselstellung: zwischen

Algerien hat 150 Zeitungen

Mit Moumene und Ghada im Hotel *El-Djazair*

Übermütige Mädchen

Übermütige Jungen

NOT YOUR BAE

Afrika und Europa. Wir waren mal der ›Speicher Europas‹ mit unserem Weizen- und Gemüseanbau. Aber – die Politik blockiert.«

Sollte Algerien sich also mehr öffnen? »Ja! Aber gleichzeitig ist das gefährlich. Siehe Syrien. Diesem Schicksal sind wir nur knapp entronnen. Der sogenannte Arabische Frühling war eine Falle. Ein paar naive Freiheitsliebende haben daran geglaubt, aber in Wahrheit haben die Islamisten die Strippen gezogen. Sie waren die Herren des Vakuums, das nach dem Sturz der autokratischen Herrscher entstand. Das haben wir Algerier zum Glück gleich begriffen. Wir hätten sonst so enden können wie die Syrer.«

Die Réconciliation, also die gesellschaftliche Integration der militanten Islamisten aus dem Untergrund, finden beide positiv. »Algerien hat sich am Beispiel Südafrikas orientiert. Und das war auch die einzige Lösung.« Aber, sagt Ghada: »Man hat sich mehr um die Täter gekümmert als um die Opfer. Das verbittert viele. Und es gibt bis heute Vermisste.«

Die Rolle von Deutschland in den letzten 25 Jahren sehen beide sehr kritisch. »Ben Wisch hat uns früher sehr geholfen«, sagt Moumene. Womit er den SPD-Politiker Hans-Jürgen Wischnewski meint, der sich seit der Unabhängigkeit Algeriens sehr für das Land engagiert hatte. »Aber danach, in den 90er-Jahren, hat Deutschland nur den Islamisten Asyl gewährt – uns, ihren Opfern, nicht.«

Beide sagen von sich, sie seien zwar gläubig, aber beteten nicht. »Beten« bedeutet in Algerien: fünfmal am Tag rituell beten. Ghada hat als Kind eine Koranschule besucht und bis zum Alter von 25 gebetet. Bis vor ihr ihre tote Freundin lag, ermordet von den Islamisten im Namen Allahs. »Seither bin ich wütend auf Allah!«, sagt sie.

»Algerien gilt heute zwar als Modell im Kampf gegen den Islamismus«, erläutert Moumene. »Aber es gibt noch sehr viel zu tun. Mentalitätsmäßig ist Algerien noch zu 90 Prozent sozialistisch. Die Algerier machen für alles den Staat verantwortlich. Und der hat ein schlechtes Gewissen – was nicht unbedingt die Eigeninitiative fördert.«

Seit 1999 sind für zig Milliarden Dollar Gratiswohnungen für die Bevölkerung gebaut worden. Die Menschen wohnen umsonst – aber die Häuser sind oft schon nach wenigen Jahren baufällig und verkommen. Wer eine Wohnung sucht, muss eine Anfrage beim Service de Logement einreichen. »Manchmal entscheidet das Los.« Alte und Behinderte bekommen die Parterrewohnungen.

Das hört sich gut an. Aber gleichzeitig müssten Moumene und Ghada auf dem freien Markt für eine Wohnung in Algier die schwindelerregende Summe von einer Million Dollar zahlen (Moumene verdient als Redakteur 400 Euro im Monat). Also wohnen die beiden 25 Kilometer von Algier entfernt, in einem Küstenort westlich der Kapitale – und quälen sich täglich durch den Stau hin und zurück.

Es gibt heute 150 Tageszeitungen für 40 Millionen EinwohnerInnen. Die Algerier waren 1962 noch zu 85 Prozent Analphabeten. Heute kann die Mehrheit der Algerier lesen, »nur« noch jeder achte Mann und jede vierte Frau ist Analphabet. Doch die meisten Zeitungen werden direkt oder indirekt (durch Anzeigen) vom Staat finanziert – und sind entsprechend abhängig. *La Tribune* zum Beispiel, wo Moumene arbeitet, hat eine Auflage von 10 000 Exemplaren, könnte also auf einem freien Markt kaum existieren (und ist fünf Monate nach unserem Gespräch überraschend eingestellt worden).

Moumene und Ghada lernen zurzeit Spanisch. Wollen sie Algerien verlassen? Sie schweigen. »Die Jugend will weg«, sagt Moumene und zuckt mit den Schultern.

Beim Verlassen des Hotels gehen wir wieder an der Bildergalerie vorbei. Die Fotos von heute zeigen Sportler und sind in Farbe. Als ich an Simone de Beauvoir vorbeikomme, lächele ich ihr zu.

12

Lilia spricht. Und Karim

Wir durchqueren ein steiniges, ödes Gelände, das nur partiell bebaut ist. Rechts das Hotel *Mercure*. »Und hier links wird gerade noch ein Hotel gebaut«, sagt Lilia. »Die Gegend ist im Kommen.« Das wird aber noch eine Weile dauern.

Wir steuern auf Lilias Haus zu. Der sechsstöckige Bau sieht so abgerissen aus, dass in Deutschland wohl auch in den ärmsten Vierteln kaum jemand dort einziehen würde. Innen ist es noch ärger. »Die Flure sind völlig verwahrlost, der Aufzug funktioniert nicht!«, schimpft Lilia. »Wir sind 40 Parteien im Haus, aber außer mir fühlt sich hier niemand verantwortlich für das Putzen des Treppenhauses und der Fenster. Dabei heißt es doch im Koran: Das Wichtigste ist Reinlichkeit.«

Umso größer die Überraschung in der Wohnung. Es ist eine großzügige, sichtbar auch von Kindern bewohnte Vierzimmerwohnung mit Balkon. Der große Tisch in der Mitte der Küche ist übersät mit gefüllten Schalen, die noch serviert und von Sarah, die heute hier Babysitting macht, gleich für Instagram dokumentiert werden. Karim, der Hausherr, wird uns – Djamila, Bettina und mir – Wein und Bier anbieten. Nur Lilia trinkt nichts.

Lilia betet fünfmal am Tag, sagt sie, und macht selbstverständlich Ramadan. »Wenn ich mal einen Tag nicht kann, muss ich dafür eine gute Tat tun«, feixt sie. Auch Karim sagt, er sei gläubig. Aber er nimmt es lockerer. Er betet nicht. Und das mit dem Ramadan ...

Bevor wir uns zu Tisch setzen, will ich mit Lilia und Karim reden. Zunächst mit ihr. Lilia ist 1977 geboren, hat Jura studiert, aber arbeitet heute im Management des Luxushotels *Sofitel*. Schon als junges Mädchen hat sie davon geträumt, »ein Star in Hollywood« zu werden. Damit habe ich sie immer aufgezogen, sie nur »Lilia la star« genannt. Doch immerhin: Jüngst ist sie als Siegerin aus einer Rateshow im Fernsehen hervorgegangen. Ein gewisser Glamourfaktor ist unübersehbar bei Lilia.

In der nächsten Woche wird sie wieder arbeiten gehen, nach einem Mutterschaftsurlaub von fünf Monaten, plus zwei Monate unbezahlt. Jetzt ist Racime, der Zweitgeborene, groß genug. Er kann zur Nounou, zur Tagesmutter, gehen. Der Erstgeborene, der achtjährige Kamyl, geht in die Ganztagsschule, wo er auch zu Mittag isst. In dem Punkt sind das hier französische Verhältnisse.

Lilia und ich ziehen uns zurück auf den Balkon und schließen fest die Türe hinter uns.

good

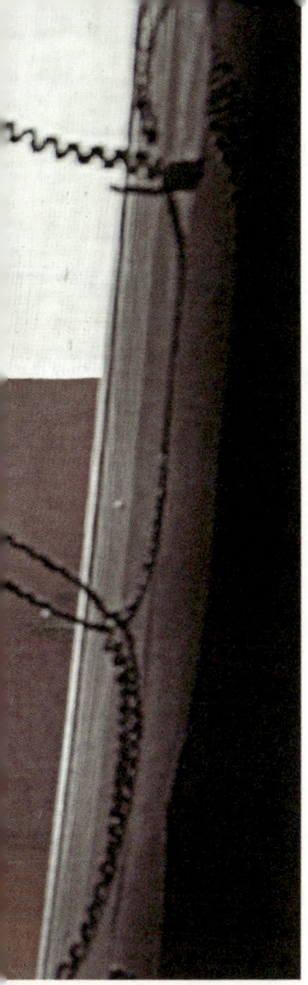

Alice und Lilia reden

Kamyl ist fürsorglich

Alice und Karim:
die gleiche Wellenlänge

Ein Foto für Instagram

»

Lilia spricht:

Ich war, ehrlich gesagt, schon als junges Mädchen nicht so wahnsinnig artig. Einmal bin ich zwei Wochen lang nicht zur Schule gegangen, vor den großen Ferien. Stattdessen bin ich bummeln gegangen mit meinen Freundinnen. Das Ganze wäre beinahe aufgeflogen, als Papa mal darauf bestand, mich zur Schule zu bringen. Da hatten die Ferien schon angefangen, aber ich ging angeblich immer noch zur Schule. Die hatte aber schon geschlossen. Und ich geriet in höchste Not, wie ich das meinem Vater erklären könnte. Irgendwie habe ich mich rausgeredet. Und als ich das später Mounia erzählt habe, ist die fast gestorben vor Angst.

Karim habe ich mit 21 kennengelernt. Wir fuhren beide im selben Auto zu einer Hochzeit, sahen uns aber zum ersten Mal. Da hat er hinten im Auto einfach seine Hand auf mein Knie gelegt – und von da an waren wir ein Paar. Aber mit dem Heiraten mussten wir noch acht Jahre warten, wir haben keine Wohnung gefunden. Klar, dass wir nicht mit allem acht Jahre lang gewartet haben. Aber ich habe das nur Mounia und Sarah erzählt. Meinen Eltern? Niemals!

1998, wenige Monate nachdem wir uns kennengelernt hatten, war Karim für ein paar Monate im Krankenhaus. Ich habe ihn besucht. Seine Mutter war auch da. Da tauchte plötzlich meine Mutter auf. Wir sind weitläufig verwandt. Die Panik war so groß, dass Karims Mutter mich im Schrank versteckt hat, wie in einer billigen Komödie. Da habe ich dann den ganzen Besuch meiner Mutter über im Dunkeln gehockt. Meine Mutter weiß das bis heute nicht.

Karim ist anders als die meisten anderen Männer. Er ist mit seiner geschiedenen, alleinerziehenden Mutter aufgewachsen. Und er hat viel Bitteres erlebt, er wird es dir erzählen. Er ist ein paarmal knapp dem Tod entkommen, das hat ihn lebenslustig gemacht. Und einfühlsam.

Ich kann mir jedenfalls niemand anderen vorstellen als ihn. Karim füllt mein ganzes Herz aus.

Er zieht mit bei den Kindern und im Haushalt. Er hilft mir »viel«, meint er. Ich sehe das anders. Mehr als 30 Prozent macht er nicht. Er spült schon mal, hängt Wäsche auf, geht einkaufen. Aber zugegeben: Für einen algerischen Mann ist das schon viel.

Das mit den Kindern schaffe ich ganz gut. Wobei – ich bin zu ehrgeizig mit Kamyl. Er ist frühreif und schon jetzt in einer Eliteklasse. Aber sobald er nicht der Klassenbeste ist, übe ich Druck auf ihn aus. Jüngst hat mich sein Lehrer mal in die Schule bestellt und gesagt: »Lilia, du bist Kamyls Problem. Du willst immer, dass er der Erste ist, darunter bricht er eines Tages zusammen.« Du siehst, Alice, ich habe Fehler und muss mich bessern.

Die Arbeit im Hotel gefällt mir. Ich bin im Management und für die ausländischen Gäste verantwortlich. Das ist sehr abwechslungsreich. Eigentlich wollte ich da ja nur jobben, neben dem Studium. Ich wollte Anwältin werden, mein Traumberuf. Aber als ich begriffen habe, dass es bei der Arbeit eines Anwaltes gar nicht um Gerechtigkeit geht, sondern meist darum, oft sehr fragwürdige Klienten um jeden Preis rauszuhauen, da habe ich mir gesagt: Auf so ein schmutziges Geschäft habe ich keine Lust. Ich habe mein Jurastudium abgeschlossen, bin aber dann ins Management gegangen.

Das Studium war eine sehr harte Zeit. Mounia und ich haben ja gegen Ende der Schwarzen Jahre studiert. Und nie Kopftuch getragen. Ich erinnere mich noch an ein Plakat am Eingang zur Uni. Da stand: »Frauen, die kein Kopftuch tragen, schneiden wir den Kopf ab.« Horror. Und immer hechelten die hinter uns her. Aber das waren keine Gläubigen, das waren so kleine Voyous, kleine Gauner.

Wir haben trotzdem kein Kopftuch getragen. Lieber sind wir mal einen Tag zu Hause geblieben, wenn wir gar nicht mehr konnten. Denn wenn wir ein Kopftuch getragen hätten, hätte das bedeutet: Die haben gesiegt. Nein. Niemals!

Einmal sind wir knapp mit dem Leben davongekommen. Mounia hatte mich mit dem Auto vor der Uni abholen wollen. Doch weil ein Polizist ihr gesagt hatte, sie dürfe da nicht parken, fuhr sie los, und ich rannte hinter dem Auto her. Sekunden später explodierte an der Stelle, wo sie gestanden hatte, eine Bombe.

Aber noch schlimmer als für uns war es für Ghanou, der ja ein paar Jahre jünger ist als wir. Ghanou war jahrelang ganz zerrissen zwischen uns, den Frauen seiner Familie, und seinen Cousins und den Nachbarjungen von der Moschee. Die haben ihn gehänselt, haben gesagt: »Was sind deine Schwestern denn für Schlampen? Tragen kein Kopftuch und fahren Auto. Und das lässt du zu?!« Ghanou ist dann ganz verschlossen geworden. Und ist es eigentlich bis heute geblieben.

Inzwischen ist Karim nach Hause gekommen. Er sieht anders aus als die Männer der Familie seiner Frau. Nicht so hager und in Granit gemeißelt, sondern fülliger, sinnlicher. Das liegt daran, sagt er, dass er aus der Hafenstadt Oran im Westen kommt, auch »das zweite Paris« genannt. »Daher kommt auch der Raï«, sagt Karim stolz. »Das ist der Einfluss der Spanier, Juden und Marokkaner. Wir sind generell entspannter als die Menschen im Osten Algeriens. Die sind eher verschlossen und rachsüchtig. Wir sind das Gegenteil.«

Karims Vater war Colonel und Jagdflieger bei der Luftwaffe. Als er neun Jahre alt war, ließ die Mutter sich scheiden. Sie war die Affären ihres Mannes leid. Karim und seine Schwester blieben zunächst beim Vater, »wo wir ein komfortables Leben hatten«. Nur in den Schulferien war Karim bei der Mutter, in Blida, südlich von Algier. Beim dritten Ferienaufenthalt sah er, wie traurig seine Mutter war über den Verlust ihrer Kinder. Er entschloss sich spontan, bei ihr zu leben.

Jetzt steht das Gespräch mit Karim an, Lilia räumt ihren Platz auf dem Balkon, Karim setzt sich zu mir. Wir haben ein herzliches, fast vertrautes Verhältnis. Er legt gleich los.

»

Karim spricht:

Ich lebte zwar nicht mit meinem Vater zusammen, aber man wusste in Blida, dass mein Vater Colonel war. Blida war eine Hochburg der Islamisten. Mich haben sie dann zwischen 1993 und 1998 sage und schreibe dreimal erwischt.

Das erste Mal war 1993. Das Polizeikommissariat war nur 150 Meter von unserem Haus entfernt. Und das haben eines Tages 120 Terroristen gestürmt und in die Luft gesprengt. Die Detonation war so stark, dass unser Haus halb eingestürzt ist.

Das zweite Mal war 1995, ich war 19. Da kamen drei Terroristen in unser Haus. Sie haben nach Waffen und Schmuck gesucht. Ich war alleine. Sie haben mich gefesselt und gesagt: »Du Hurensohn. Wir bestrafen dich für deinen Vater.« Ich habe damit gerechnet, dass sie mir die Kehle durchschneiden. Aber ich hatte Glück. Sie sind irgendwie gestört worden und abgehauen.

In diesen Jahren ging ich zur Uni. Am Straßenrand lagen die abgeschlagenen Köpfe. Und über uns kreisten die Hubschrauber, die flogen in die Berge: Terroristen bombardieren.

Das dritte Mal war 1998. Da hat es mich am schlimmsten erwischt. Bouteflika war schon an der Macht, und eigentlich ging es zu Ende mit dem Terrorismus. Aber ein paar von denen waren noch unterwegs. Ich war mit einem Freund in der Disco. Auf dem Weg nachts nach Blida sind wir in eine dieser Straßensperren geraten.

Das war ja eine beliebte Methode der Terroristen: Sie machten falsche Sperren und raubten die Leute aus. Meist haben sie sie dann auch noch gekillt.

Mein Freund war am Steuer. Er hielt nicht an, sondern gab Gas. Sie schossen hinter uns her, mit zwei Kalaschnikows und einem Gewehr mit abgesägtem Lauf. Drei Kugeln haben mich getroffen. Ich blutete stark.

Mein Freund steuerte den nächsten Ort an. Für drei Kilometer brauchten wir eine halbe Stunde, wir fuhren auf den Felgen. Wir hämmerten an der Polizeistation gegen die Türe. Aber die antworteten nicht. Erst nach geraumer Zeit kam eine Stimme: »Was wollt ihr?« Er rief: »Mein Freund verblutet!« Aber die haben nur gesagt: »Wir können in der Nacht nicht rauskommen, das ist zu gefährlich für uns. Kommt morgen früh wieder.«

Mein Freund fuhr weiter bis nach Blida. 40 Minuten. Ich verlor weiter Blut. Ich musste dann zweieinhalb Monate im Krankenhaus bleiben und war zwei Jahre lang in Behandlung.

Es genügte in der Zeit, im falschen Augenblick am falschen Ort zu sein. Ich kenne Leute, die verrückt geworden sind. Andere nehmen bis heute Psychopharmaka. Ich war stark, ich habe es überstanden. Weil ich früh selbstständig sein musste.

13

Mounia spricht. Und Lotfi

Mounia holt uns in Beaulieu ab. Sie ist mit 42 die Älteste und war schon früh für die Geschwister verantwortlich. Entsprechend besonnen ist sie. Und ein wenig schüchtern. Ihre Wohnung ist 15 Autominuten entfernt. Es fängt an, dunkel zu werden.

Und da sind sie wieder: die Polizisten am Straßenrand. Sie stehen immer an einer Art Nadelöhr, an dem vier Straßen zusammenlaufen. In der Hand haben sie Geräte, die aussehen wie moderne Wünschelruten. »Das sind sehr teure Geräte, mit denen man Sprengstoff aufspüren kann«, erklärt Mounia. Ob das jetzt, fast 20 Jahre nach den Terrorjahren, noch nötig sei, frage ich. »Oh ja!«, sagt Mounia. »Nur diesen ganzen Sicherheitsmaßnahmen verdanken wir ja unsere heutige Sicherheit. Ich bin froh, dass die Polizei da ist.« Die Polizei ist abends und nachts in ganz Algier präsent, demonstrativ präsent.

Mounias Viertel muss früher fast dörflich gewesen sein. Am Rand der Stadt, mit einstöckigen Häusern und vielen kleinen Läden. Doch dann hat man vor zehn, fünfzehn Jahren riesige Wohnblocks aus Beton reingeknallt. Zwischen den Blocks pfeift der Wind. Die Katzen zerren den Müll aus den Containern und verstreuen ihn quer über die Straße.

Die Hochhäuser sehen aus, als wären sie seit Jahrzehnten unrenoviert, die Treppenhäuser dito. Auch hier scheint sich niemand verantwortlich zu fühlen. Irgendwie ist etwas schiefgegangen mit dem sozialistisch inspirierten Gemeinsinn. Und auch mit dem islamischen Reinlichkeitsgebot.

Lotfi ist Informatiker in einem Hotel und kommt gewöhnlich erst spät nach Hause. Heute ist er früher da, um sich während meines Gespräches mit Mounia um die Kinder zu kümmern: den achtjährigen Malik und die fünf Monate alte Dina. Die Schwestern haben beide Männer geheiratet, die mit anpacken im Haushalt und bei den Kindern. Was nicht selbstverständlich ist, in Algerien noch weniger als in Deutschland.

Für das Gespräch mit Mounia ziehe ich mich mit ihr in ihr Arbeitszimmer zurück, das gleichzeitig Bügel- und Babyzimmer ist. Auch Mounias Hauptproblem sind die »Schwarzen Jahre«. Fast stärker noch als bei den anderen. »Ich habe dadurch zehn Jahre meines Lebens verloren«, sagt sie.

»

Mounia spricht:

Die Jahre des Terrors haben das gesamte gesellschaftliche Klima verändert. Die Männer auf der Straße waren alle abweisend mit uns Frauen. Auch die, die keine Islamisten waren, haben nicht versucht, uns zu schützen. Wenn wir uns beschwert haben, haben sie nur gesagt: »Warum tragt ihr auch kein Kopftuch!« Aber für mich käme das nie infrage. Für mich signalisiert das Kopftuch Unterwerfung.

Es hat in meinem letzten Schuljahr angefangen. Da tauchten diese Flugblätter auf: »Allen Mädchen, die kein Kopftuch tragen, schneiden wir den Kopf ab!« Wir Mädchen hatten schreckliche Angst. Vor allen Menschen. Wir konnten niemandem mehr trauen. Manchmal blieben wir aus Angst ein paar Tage zu Hause, statt zur Uni zu gehen.

Neben dem Studium habe ich bei meinem Vater gejobbt. Einmal hat er mich auf ein Amt geschickt, um eine Einfuhrgenehmigung beglaubigen zu lassen. Da saß ein Mann, der sagte: Komm morgen wieder, in mein Büro. Ich ging hin. Dabei war mir schon mulmig. Warum sollte ich extra in sein Büro kommen für eine Bescheinigung? Ich fuhr also in den zweiten Stock – und als ich bei ihm war, wurde mir klar: Das ist eine Falle. Der will was von mir. Ich konnte gerade noch wegrennen.

Seither habe ich Angst in Ämtern. Bis heute. Ich habe das noch nie einem Menschen erzählt. Du bist die Erste, Alice.

Meine Mutter hat mich immer ermutigt. Mein Vater auch. Er hat mir ein Auto gekauft, damit ich rauskonnte. Alles andere wäre zu gefährlich gewesen. Bis heute traue ich mich kaum in einen Bus, da grapschen die Männer einem an den Hintern.

Ghanou war damals 16, 17 Jahre alt. Er geriet in einen riesigen Konflikt. Die Jungen im Viertel machten ihn an: »Du lebst ja wie ein Mädchen!«, weil seine Schwestern Auto fuhren. Das war ihm pein-

lich. Er sprach nicht mehr mit mir. Und er ist nicht einmal in mein Auto gestiegen.

Lotfi habe ich im Hotel kennengelernt – und das auch gleich meiner Mutter erzählt. Sicher, ich hatte auch an der Uni schon mal diesen oder jenen Flirt. Aber mehr als Reden ist da nicht gelaufen. Ich wollte meine Eltern nicht enttäuschen mit so sündigen Sachen (des trucs péchés).

Lotfi kommt aus einer aufgeschlossenen Familie, sein Vater war ein »Held des Widerstandes«. Er will nicht, dass ich ein Kopftuch trage – obwohl seine Mutter seit fünf Jahren Kopftuch trägt. Ich bin gläubig und habe bis vor Kurzem auch gebetet. Aber jetzt, mit der Kleinen, schaffe ich das einfach nicht mehr. Denn das kostet ja ganz schön Zeit: Vor dem Gebet müssen wir uns dreimal die Hände, Arme und Füße waschen. Und den Mund, die Nase, das Gesicht, die Ohren, und feucht über die Haare streichen. Nach dem Sex muss man sich komplett waschen. Auch dreimal. Reinlichkeit ist das oberste Gebot im Islam! Der Schmutz kommt vom Teufel.

Einige Zeit vor der Geburt von Dinah habe ich meinen Job im Sofitel, *von dem ich abends oft sehr spät nach Hause kam, gekündigt. Ich hatte zwei Fehlgeburten, wollte aber unbedingt noch ein zweites Kind. Und das hat geklappt! Jetzt werde ich erst mal bei meinem Vater jobben. Unser Traum ist es, uns selbstständig zu machen. Und der geht vielleicht bald in Erfüllung. Eine Tante von Lotfi will uns Geld für den Start geben.*

Alice mit den Müttern
Mounia und Lilia

Neubauten in Algier

Bei Mounia und Lotfi

2017 : MARINE LE PEN

Der 44-jährige Lotfi ist Mounia nicht unähnlich: zurückhaltend, bescheiden. Aber bestimmt. Seine Mutter war Lehrerin und sein Vater Beamter und früher aktiv im Widerstand. Nach der Befreiung bekamen seine Eltern eine Wohnung im vierten Stock eines Kolonialbaus – ausgerechnet über der *Milk Bar*. Anzunehmen, dass die vorherigen Bewohner nach Frankreich flüchten mussten.

»

Lotfi spricht:

Mein Vater war als Ancien Combattant des FLN im Gefängnis, er ist gefoltert worden. Später wurde er Beamter. Er war absolut allergisch gegen den FIS und ist bis heute gegen alle Islamisten. Für ihn ist Religion Privatsache. Er praktiziert nicht (was heißt: Er ist nicht aktiv gläubig, betet nicht).

Ich hatte in den 90ern sogar einen Freund beim FIS. Am Anfang war das kein Problem, wir haben diskutiert. Aber dann wurde es eng. Wenn Religion politisiert wird, das ist immer falsch. Aber ich würde dennoch weiterhin durchaus unterscheiden zwischen Islamist und Extremist. Was der Unterschied ist? Die Ausübung von Gewalt.

Die 90er waren schlimm. Wir konnten nicht mehr ausgehen, nicht verreisen. Wir gewöhnten uns daran, mit der Angst zu leben. Das Risiko war immer präsent. Heute haben wir Ruhe. Ich habe bis heute auch Freunde, die strenggläubig sind und die Djellaba und Bart tragen. Aber wir respektieren uns. Gegenseitig.

Beim sogenannten Arabischen Frühling hatten wir Algerier zum Glück verstanden: Das war manipuliert. Wir haben uns zurückgehalten. Wir wollen einfach nur noch eines: unsere Ruhe haben und besser leben.

Nach den Gesprächen essen wir noch alle zusammen. Wie immer läuft der Fernseher, Tele 5. Diesmal ist Macron auf Sendung. Mounia legt keinen Wert auf Perfektion. Wir machen die letzten Handreichungen alle zusammen in der Küche. Und auch bei dieser Schwester ist Sarah, die Jüngste, zur Stelle für das Babysitting. Es ist auffallend: Sie halten alle zusammen und helfen sich gegenseitig auf eine ganz selbstverständliche Art.

de la

Lili et Riton
FRANCE

14

Hocine spricht. In Paris

Zwischen zwei Algerienreisen treffen wir Hocine, Djamilas ältesten Bruder, in Paris. Ich habe das *Select* als Treffpunkt vorgeschlagen, den Intellektuellentreff am Montparnasse. »Ja«, sagt Hocine, »das war früher mein Stammcafé.« Mit »früher« meint er die Jahre 1963 bis 1969, in denen er Leiter des Pariser Büros der APS war, der staatlichen Presseagentur. Oder auch die 70er-Jahre, in denen er eine Buchhandlung im Quartier Latin hatte. Doch der heute 78-Jährige war auch schon mal als ganz junger Mann in Paris, in den 1950er-Jahren. Allerdings unter weniger angenehmen Umständen.

Das erste Mal bin ich Hocine im Jahr 2005 begegnet, an einem so ganz anderen Ort: In der Wüstenstadt Timimoun in der westlichen Sahara, tief im Süden von Algerien. Dort hatte der Journalist 15 Jahre lang ein Haus am Rand des 2000-Einwohner-Städtchens. Er schrieb Reiseführer über diverse Regionen Algeriens. Es waren die ersten Reiseführer überhaupt, die im Land erschienen.

Hocine hatte mich damals an dem kleinen Flughafen abgeholt, gehüllt in einen weiten, weißen Wollburnus. Das hätte mir schon zu denken geben müssen. Und in der Tat: Ich habe selten so gefroren wie in der Wüste. Die Temperaturen dort können nachts um 20 bis 25 Grad stürzen. Und genau das taten sie auch in diesem Januar 2005. Doch es hat sich gelohnt zu frieren.

Hocine hat mich damals mit verhaltenem Stolz mit der dramatischen Schönheit der Wüste bekannt gemacht. Die Ruinen der alten Berberfestungen sind aus den flammend roten Felsen der Gegend, die jahrhundertealten kunstvollen Bewässerungsanlagen der Felder funktionieren bis heute und die urzeitlichen Höhlenmalereien sind verblüffend. Auf dem Weg zu einer kleineren Oase war ein Sandsturm aufgekommen. »Wir müssen umkehren«, sagte Mohamed, unser einheimischer Fahrer. »Sonst finden wir unter dem Sand die Piste nicht mehr.«

Die festungsartige Altstadt von Timimoun ist eine einstige Berbersiedlung, mit ihren engen Gassen und den in die Erde gegrabenen Wohnungen so imposant wie erdrückend. Die Menschen sind arm. Schon den Kindern sah man das harte Leben an. Mit zersorgten Gesichtern schleppten sie ihre Schultafeln aus Holz durch die Gassen.

Jetzt also Paris 2017. Das ist Hocine nicht weniger vertraut. Gestern ist er aus Algerien gekommen, wohin er nach fünf Jahren in dem tunesischen Küstenstädtchen Nabeul zurückgekehrt ist. Er will den letzten Teil seines so kosmopolitischen Lebens

Die Wüstenstadt Timimoun

Hocine in den Gassen

Ein Treffen in dem Pariser Café *Select*

Vor Timimouns Ruinen

in seiner Heimatstadt Sétif verbringen. In Paris ist er heute, um seine Tochter zu besuchen – und um mit mir zu reden.

Als Bettina Flitner uns beim Gespräch im *Select* fotografiert, beginnen einige Gäste zu tuscheln. Später erfahre ich, dass sie Bettina gefragt haben, wie der berühmte Schriftsteller denn wohl heiße, den sie da fotografiert. Ja, Hocine sieht beeindruckend aus. Er hat ein Ewigkeits-Gesicht. Die Oase passt zu ihm wie das *Select*. Hocine hat hundert Leben in einem.

Ich beginne das Gespräch mit ihm mit der Frage nach der nicht nur in Algerien so gerne bemühten »Identität«.

»

Hocine spricht:

Die algerische Identität? Die gibt es nicht. Die ist gerade erst im Entstehen. Wir sind heute eine Durchgangsgeneration. Ich zum Beispiel habe drei Epochen erlebt: die Kolonialzeit, den Krieg und die Unabhängigkeit. Zwischen meinem Vater und mir ist eine tiefe Kluft, zwischen meinem Großvater und mir sind Jahrhunderte. Und mich trennen heute von meiner Kindheit Welten.

Wenn ich als Junge einen Gendarmen sah oder einen Colon (einen Kolonialherren, also Franzosen), bin ich gerannt, so schnell ich konnte. Denn die hatten immer eine Peitsche dabei, und die traf einen schneller, als einem lieb sein konnte. Sie schlugen willkürlich. Nicht alle, klar, aber viele. So ein Großgrundbesitzer war allmächtig. Er konnte seine algerischen Arbeiter auch einfach erschlagen oder erschießen, ohne mit Folgen rechnen zu müssen. Wir waren vollkommen rechtlos. So wie die Schwarzen früher in Amerika.

Ich durfte immerhin in die französische Schule gehen und war später einer der ganz wenigen Algerier auf dem Gymnasium. Die meisten meiner Schulkameraden rebellierten – und starben im Ma-

quis. Die wenigen, die studiert haben, haben im Ausland studiert, in der Regel in Frankreich. Auch ich bin 1963 in Paris auf die Journalistenschule gegangen, dahin hat mich der FLN geschickt. Aber schreiben gelernt hatte ich schon vorher, im Lager.

Wie ich ins Lager geraten bin? Ganz einfach. 1957 hatte der FLN den Aufruf lanciert: Algerier gehen nicht mehr in französische Schulen! Da war ich 17. Aber ich wollte Abitur machen. Mein Vater arbeitete damals, wie viele Algerier, in der Region von Paris als Bauarbeiter. Also bin ich nach Paris gezogen.

Aber ich bin nicht lange zur Schule gegangen. Nach einem halben Jahr bin ich dort zum FLN gestoßen. Das darf man sich nicht so vorstellen, dass ich zum Gewehr oder zum Molotowcocktail gegriffen hätte. Der FLN hat ja nicht nur mit Waffen gekämpft, sondern auch mit Worten. Ich war der Jüngste in einer Gruppe von 15 Männern. Wir gingen in die Pariser Wohnheime der algerischen Arbeiter, um sie zu informieren über die Aktivitäten des FLN und um sie für unsere Sache zu gewinnen. Wir waren keine Terroristen, wir waren Aufklärer. 1958 wurden wir alle verhaftet. Wir waren verraten worden.

Der Vorwurf lautete: Ihr zerstört die Einheit Frankreichs. Algerien war zu der Zeit eben ein Teil Frankreichs, ein französisches Departement. Unser Engagement galt als subversiv und staatsfeindlich. Ich wurde also zu drei Monaten Haft verurteilt.

Gleich am ersten Abend im Gefängnis hat sich mein Zellennachbar bei der Essensausgabe in meine Zelle geschmuggelt. Wer bist du? Wie heißt du? Gehörst du zu uns? Und von da an war ich Teil des FLN-Netzwerkes im Gefängnis in Fresnes. Wir bekamen Extraportionen zu essen, Informationen, Papier und Briefumschläge – aber wir teilten auch unsere Pakete von zu Hause mit den anderen.

Nach dem Gefängnis kam ich nicht etwa frei, sondern ins Lager. Da blieb ich vier Jahre lang und wurde nun erst richtig politisiert. Es hört sich verrückt an, aber die Zeit im Lager war eine der schönsten meines Lebens. Wir waren alle Brüder, so haben wir uns auch ange-

sprochen: mon frère. Wir haben gelernt, diskutiert, Sport getrieben. Manchmal haben wir Fußball gespielt gegen die Mannschaft unserer Wärter. Und jeder von uns bekam jeden Monat Geld geschickt. Aus der ganzen Welt. Jedes Mal von einem anderen Absender. Einmal hat mir jemand aus Indien Geld geschickt. Sie alle haben sympathisiert mit unserem Kampf.

Frantz Fanons »Die Verdammten dieser Erde« waren eine Erleuchtung für uns. Und erst sein Leben! Weißt du, Alice, dass er in Martinique geboren ist und in Paris studiert hat? Er ist dann 1958 zu uns nach Algerien gekommen, um unseren Kampf zu unterstützen. Leider ist er ein Jahr vor unserer Unabhängigkeit gestorben. In New York. Der FLN hatte ihn zur Behandlung dahingeschickt. Er hatte Leukämie. Wir haben seinen Körper 1961 nach Tunesien transportieren lassen und ihn nachts heimlich über die Grenze getragen. Fanon ist in algerischer Erde begraben worden.

Ab dem 19. März 1962 schwiegen die Waffen im Algerienkrieg, das Feuer wurde auf beiden Seiten eingestellt. Die Lager wurden geräumt, wir wurden ausgeflogen nach Algerien. Am 1. April 1962 setzte mich ein Lastwagen in meinem Heimatdorf ab, in Bordj bei Sétif. Am 5. Juli 1962 unterzeichneten General de Gaulle und unsere provisorische Regierung die Unabhängigkeitserklärung.

Jetzt begann für mich eine aufregende Zeit. Wir zogen durch die Dörfer, um die Menschen aufzuklären über das, was passiert war, und sie zu motivieren für den Aufbau unseres Landes. Die überwältigende Mehrheit der Algerier waren ja Analphabeten, und viele hatten gar nicht mitbekommen, was passiert war. Wir waren enthusiastische junge Männer, die auf rund zwanzig Lastwagen quer durchs Land zogen.

Dann schickte mich der FLN auf die Journalistenschule in Paris. In Algerien konnte ich ja nicht lernen, wir hatten keine eigenen Hochschulen und fingen ganz von vorne an. Nach einem Jahr bin ich zurück nach Algier und habe bei der APS als Redakteur ange-

fangen. Mein Chef wies mir eine Wohnung im 14. Stock eines Hochhauses zu, in dessen Erdgeschoss die Zentralredaktion der APS saß. Meine Familie hat die Wohnung noch heute. Viele Wohnungen in dem Haus standen damals leer, sie waren vorher von geflüchteten Pieds-noirs bewohnt worden. In meiner Wohnung fand ich Jahre später unter der Verkleidung eines Treppenabsatzes mehrere Pistolen.

Was viele nicht wissen: Die offizielle Doktrin von Algerien war auf Versöhnung gestimmt: Der Chef der Übergangsregierung, Ferhat Abbas, hatte direkt nach der Unabhängigkeit einen Aufruf veröffentlicht an alle Algerier-Franzosen und Juden. Er hatte appelliert: Bleibt bei uns! Das ist doch auch euer Land! Gleichzeitig aber gab es noch Straßenkämpfe, Racheakte. Nun kam die Gewalt von der anderen Seite. In Oran gab es schlimme Ausschreitungen gegen Pieds-noirs, viele Tote. Ein Massaker. Die Franzosen haben das nie vergessen. Aber sie haben verdrängt, wie groß die Gewalt vorher gegen die Algerier gewesen war.

Die Juden gerieten zwischen alle Fronten. Die Franzosen hatten Algerier und Juden gegeneinander ausgespielt, nach dem Prinzip: teile und herrsche. Also galten nun auch sie als Fremde, obwohl ihre Familien seit 200, 300 Jahren in Algerien ansässig gewesen waren.

Die Tatsache, dass die Algerier-Franzosen und die Juden unser Land verlassen haben, hat uns ärmer gemacht. So wie der Exodus der algerischen Intellektuellen und Künstler dreißig Jahre später, in den Schwarzen Jahren. Allein in Kanada leben heute 180 000 Algerier. Und das sind fast alles hoch qualifizierte Leute, Akademiker. Wir haben sie verloren. Ihre Kinder gehen dort zur Schule, sie haben sich an das neue Leben gewöhnt. Sie kommen nicht zurück.

Nach der Unabhängigkeit wäre die Gewalt allerdings niemals so eskaliert ohne die fatale Rolle der Ultras, der OAS. Sie wollten Algerien nicht loslassen. Vor allem in den Monaten zwischen der Feuereinstellung und der Unabhängigkeitserklärung hatten sie noch Hoffnung und haben gewütet. Sie schossen und bombten auf alles, was nicht bei drei auf den Bäumen war. Das heizte natürlich auch die Gewalt auf der algerischen Seite an.

Aber die Jahre zwischen 1962 und 1972 waren voller Hoffnung. Eine fantastische Zeit! Wir alle waren stolz auf unseren Sieg. Die ganze Welt bewunderte uns. Die Städte brodelten vor Lebensfreude.

Uns stand die Welt offen. Ich bin zum Beispiel 1963 zusammen mit vier Kollegen nach China eingeladen worden. Sie haben uns durchs Land gefahren, zu den Kollektiven in der Landwirtschaft und den Brigaden in den Fabriken. Sogar Zhou Enlai haben wir die Hand geschüttelt. Algerien wurde damals ja heftig umworben vom kommunistischen Block. Wir waren einer der drei Staaten, die den sogenannten »dritten Weg« gingen, zusammen mit dem Jugoslawien Titos und dem Ägypten Nassers. Wir wollten unabhängig sein von Moskau und China. Und das sind wir auch geblieben.

Der entscheidende und stabilisierende Faktor dabei war und ist das Militär. Die Armee ist der Garant unserer Autonomie und ein Bollwerk gegen die Islamisten. So wie es bis zu dem Putsch von Erdoğan auch in der Türkei der Fall war.

Am 19. Juni 1965 putschte unsere Armee gegen Ben Bella, unseren ersten, sehr beliebten Präsidenten. Es ging um ideologische Differenzen, die schon vor der Unabhängigkeit aufgeflackert waren. Jetzt wurde Ben Bellas einstiger Weggefährte und Chef der Armee, der Colonel Boumedienne, Präsident. Ben Bella war wohl ein wenig naiv gewesen. Ich erinnere mich zum Beispiel, wie er eines Tages in einem blauen Mao-Anzug auftauchte. Und eigentlich ist er auch verantwortlich dafür, dass diese ganzen Islamisten in unser Land geströmt sind. Er wollte Algerien arabisieren und bat Nasser, uns Arabischlehrer zu schicken. Der schickte uns die damals in Ägypten schon verbotenen Muslimbrüder, weil er sie los sein wollte. Und die vergifteten die Köpfe unserer Schüler und Studenten mit ihrer fundamentalistischen Ideologie.

Bis dahin hatten wir in Algerien einen aufgeklärten Islam prak-

tiziert (Islam de Lumière). Aber nun kamen die Schriftgläubigen und verbreiteten ihre Ideologie in den Quartiers und den Moscheen. Doch gleichzeitig machten sie eine gute Sozialarbeit für das Volk, um das der FLN sich nicht mehr kümmerte. So haben sie den Menschen den Kopf verdreht. Innerhalb von zehn Jahren wurden die Islamisten zu einer politischen Kraft – und der FLN hat das nicht erkannt.

Doch noch mal zurück zu den 60ern. Ich pendelte von 1963 bis 1969 zwischen Algier und Paris, wo ich das Büro der APS leitete. In beiden Metropolen waren das aufregende Zeiten. Die Barrikadenkämpfe 1968 in Paris habe ich ganz aus der Nähe verfolgt. Natürlich habe ich damit sympathisiert – aber doch auch Distanz gehalten. Mir war früh klar, dass die Ideen der 68er romantisch waren, unrealistisch.

1965 hatte ich in Algier geheiratet. Eine Cousine. Ihre Mutter ist übrigens Deutsche. Meine Frau hat sich um unsere fünf Kinder gekümmert – und das hat sie sehr gut gemacht. Sie lebt bis heute in unserer Wohnung in Algier. Unser Leben geht seit Langem verschiedene Wege, aber sie ist immer für uns da, für die Kinder und auch für mich.

Bei der APS habe ich 1969 aufgehört. Ich wollte einfach etwas Neues machen. Ich habe ein paar Jahre lang eine Buchhandlung in Paris geführt und auch mal vier Jahre lang ein Restaurant in Brüssel. 1986 bin ich definitiv zurück nach Algerien gegangen, ich wollte den Kindern das Vagabundieren und die immer neuen Schulen nicht länger zumuten.

In Algerien habe ich dann einen kleinen Verlag gegründet, den es bis heute gibt. Meine Tochter Amina ist die Geschäftsführerin. Sie ist 30 Jahre alt und unverheiratet. Manchmal sage ich zu ihr: Du hast nicht mehr viel Zeit – oder willst du es etwa machen wie deine Tante Djamila? Dann sagt sie: Halte dich raus! Das ist mein Leben.

Wir verlegen Reiseführer. Und demnächst veröffentlichen wir die vergriffene Koranübersetzung von 1972 des islamischen Gelehrten Hamza Boubakeur (1912–1995), der Vater des heutigen Mufti der liberalen Großen Moschee von Paris. Denn wir brauchen mehr aufgeklärte Schriften, einen modernen Blick auf den Koran.

Ich bin gläubig. Das war immer so. Früher habe ich auch Alkohol getrunken. Es gibt viele Arten, seinen Glauben zu praktizieren. Meine Kinder sind auch alle gläubig, auf eine sehr selbstverständliche Art. Obwohl ich nie ein Wort darüber verloren habe. Meine beiden Töchter haben noch nie Kopftuch getragen. Die Tochter in Paris, bei der ich gerade zu Besuch bin, ist eine erfolgreiche Managerin. Wenn sie abends nach Hause kommt und kocht, bindet sie sich zwischendurch kurz die Schürze ab, geht nach nebenan, um zu beten, kommt zurück in die Küche und bindet ihre Schürze wieder um. Für uns ist der Glaube etwas Intimes, Privates. Wir brauchen weder das öffentliche Gebet noch monumentale Moscheen.

Hinzu kommt, Algerien hat gar kein Geld mehr für solche Abenteuer. Wir sind zwar schuldenfrei – und welches Land ist das schon? –, aber unsere Reserven schmelzen. Die Regierung hat nicht mit dem Einbruch des Ölpreises gerechnet, das Petrol war ja unsere Haupteinnahmequelle. Sie tut bis heute so, als wäre alles beim Alten. Das Volk kriegt alles geschenkt: Wohnungen, Schulbücher, sogar Hochzeiten werden auf Staatskosten organisiert. Die Grundnahrungsmittel werden subventioniert. An den Grenzen zu Marokko und Tunesien blüht der Schwarzhandel mit Zucker und Öl.

Ich als Ancien Moudjahid, also einer, der im Befreiungskrieg gekämpft hat und im Gefängnis war, beziehe seit 1962 eine Pension. Heute beträgt die monatlich 50 000 Dinar, das sind 400 bis 500 Euro. Das ist das Gehalt eines Redakteurs. Und wir sind Tausende Anciens Moudjahidines. Das mag ja gut gemeint sein, aber es ist Wahnsinn. Dieses Geld müsste in die Zukunft investiert werden, nicht in die Vergangenheit.

Kein Wunder, dass die Menschen bei so einem Protektionismus passiv werden. Wir Algerier importieren zu viel, wir müssten mehr produzieren! Aber dafür sind wir nicht qualifiziert genug. Wenn wir selber Autos produzieren, kosten die mehr als die importierten. Marokko produziert heute 65 Prozent seiner Autos selber. Warum können wir das nicht auch?

Die Regierung ist erstarrt und korrupt. Neben dem schwer kranken Bouteflika hat sich eine mafiöse Kaste etabliert, die sich bereichert und Milliarden ins Ausland schafft. Gleichzeitig ist jeder Vierte unter 30 arbeitslos. Das Volk ist abgestumpft. Und traumatisiert. Von dem Grauen der Schwarzen Jahre. Darum konnte sich auch dieser neue, uns eigentlich fremde, rigide Islam breitmachen, die Menschen suchen Halt in der Religion: starre Regeln, Alkoholverbote, Kleidungsgebote und die Reglementierung unseres Alltags, das alles im Namen Allahs. Das war früher nicht so, in Algerien herrschte ein aufgeklärter Islam. Aber die kritischen Geister sind ermordet worden oder im Exil. Zurück bleibt ein traumatisiertes Volk.

Algerien ist heute ein Pulverfass. Ein Funken genügt. Wie der Straßenhändler in Tunesien, der sich aus Protest in Flammen gesetzt hat. Oder die Bloggerin in Ägypten, die zur Rebellion aufgerufen hat.

Sicher, wenigstens die Islamisten haben keine Chance mehr in Algerien. Nach über 200 000 Toten in den Schwarzen Jahren haben die Menschen begriffen. Das Volk hat den Wahnsinn nach zehn Jahren besiegt. Es lässt sich nicht mehr verführen von den Fundamentalisten. Gerade kommen die allerletzten Islamisten aus den Wäldern gekrochen.

Es belastet allerdings ihre Opfer und alle aufgeklärt Denkenden, dass es die Anweisung von oben auch an die Medien gibt, die Verbrechen in den »Schwarzen Jahren« nicht mehr zu thematisieren. Das verhindert die Aufarbeitung für die Betroffenen.

Aber die wirkliche Gefahr heute ist das Chaos. Sollte das ausbre-

chen, würde Frankreich begeistert einmarschieren, im Namen der »Menschenrechte« und um »seine Bürger« zu schützen. Denn es gibt ja immer noch viele Algerier, die auch einen französischen Pass haben. Aber das darf nicht passieren! Wir sind gegen jegliche Art von Intervention, nicht nur in Bezug auf unser eigenes Land. Schon die Intervention der USA im Irak war ein folgenreicher Fehler. Das hat die Lawine ins Rollen gebracht.

90 Prozent der Opfer von Attentaten und von Kriegen auf der Welt sind heute Muslime. Die meisten getötet von Muslimen. Die Täter rufen: Allahu akbar – und die Opfer antworten: Allahu akbar! Dabei sagt Allah: Wenn du auch nur ein unschuldiges Individuum tötest, dann tötest du die ganze Menschheit.

Im Irak war es doch vorher gar nicht so schlecht. Hussein hat für Ruhe und Ordnung gesorgt. Die Menschen konnten lernen, arbeiten, leben. Die Iraker waren immer ein sehr gebildetes Volk. Früher gab es ein Sprichwort bei uns, das besagte: Ägypten schreibt, der Libanon druckt und der Irak liest.

Dasselbe Drama in Libyen. Auch da hielt Gaddafi alles zusammen. Und jetzt? Clankämpfe, islamischer Terror, mafiöse Banden. Der Westen hat das alles ausgelöst, was hatte er im Irak zu suchen? Ihr redet gerne von Demokratie. Doch ihr Europäer habt 200 Jahre dafür gebraucht, gebt uns also auch ein wenig Zeit.

Die Zukunft Algeriens? Die kann niemand vorhersehen. 2019 sind Wahlen. Es ist nicht anzunehmen, dass der schwer kranke Bouteflika ein fünftes Mal gewählt wird. Aber wer kommt dann an die Macht? Die mafiöse Kaste? Oder ein Held, der uns aus der Sackgasse führt?

Wir haben lange geredet. Sehr lange. An zwei aufeinanderfolgenden Tagen. Es macht Spaß, Hocine zuzuhören, seine tiefe Gelassenheit, aber auch seine tiefe Sorge zu spüren. Jetzt bricht er auf zu seiner Tochter. Sein Enkel hat schon angerufen und gefragt:

Großvater, was willst du heute Abend essen? Mann sein ist nicht schlecht in algerischen Familien.

Ich bleibe noch ein wenig an meinem Stammplatz im *Select* sitzen, auf der Bank am Fenster. Ich glaube, ich werde gleich in den Bus 91 steigen, der fährt direkt gegenüber ab in Richtung Große Moschee. Da werde ich ins Hamam gehen, in dessen wunderbaren, blauweiß gekachelten Räumen ich früher so manches Mal mit meinen algerischen Freundinnen gesessen habe.

Vor zwei Tagen habe ich in der Moschee einen thé à la menthe getrunken. Da fiel mir auf, wie voll die früher meist halbleeren Räume jetzt sind. Sogar eine komplette deutsche Reisegruppe saß da. Sie genossen das freundliche Gesicht des Islam.

المسجد الجامع العتيق

15

Reise nach Sétif. Begegnung an der Fontäne

Zurück in Algerien. Morgens um halb sieben starten wir nach Sétif, das 270 Kilometer südöstlich der Hauptstadt liegt. Den Muezzin haben wir heute Morgen schon zweimal, den Kuckuck nur einmal gehört (er ruft gnädigerweise nicht im Dunkeln). Djamila presst ihren zierlichen Fuß fest auf das Pedal. In Sétif werden wir die andere Hälfte ihrer Familie treffen, darunter den zweitältesten Bruder Amar, der – in Abwesenheit des ältesten, Hocine – mit 18 Chef der Familie wurde. So wird der zierliche Mann bis heute von allen seinen Geschwistern behandelt: tief respektvoll.

Wir nehmen die Autobahn. Rechts und links Oliven- und

Orangenhaine. Bald tauchen zur Rechten die Bergzüge der Kabylei auf. Die Kabylen streben immer wieder mal nach Unabhängigkeit. 1980 gab es einen ersten Aufstand: gegen die Zwangsarabisierung in den Schulen. 1988 folgte der zweite, angezettelt von arbeitslosen jungen Männern. Aber rasch wurde klar: Die Islamisten ziehen die Fäden.

»In den 90er-Jahren«, sagt Djamila, »war es lebensgefährlich, über diese Autobahn zu fahren. Überall Sperren von Islamisten. Ich musste dennoch immer wieder diese Straße nehmen: Meine Mutter in Sétif war schwer krank. Doch irgendwie habe ich Glück gehabt.« Sie schaut ernst. Auch jetzt gibt es Kummer in der Familie. Djamilas Bruder Kaddour liegt im Sterben.

Als wir in Sétif ankommen, eine Universitätsstadt mit rund einer viertel Million Einwohnern, staune ich: kein Müll und keine Bauruinen. So geht es also auch. Das Zentrum der Stadt: weiße, dreistöckige Kolonialbauten; die Art-déco-Lampen in den Arkaden der Hauptstraße, der Avenue 8. Mai 1945, sind noch original. Unter den Arkaden eine bunte Vielfalt von Geschäften: Datteln, Gewürze, Antiquitäten. Die Modeketten sind hier noch nicht angekommen.

Wir streben zu dem berühmten Springbrunnen von Sétif, dem Ain El Fouara. Den haben die Franzosen im 19. Jahrhundert errichtet und so sieht er auch aus. Oben, neben dem Obelisken, räkelt sich eine nackte Schöne in Marmor. Was die Islamisten »haram« fanden, Sünde. Sie haben den Brunnen in den 90er-Jahren zertrümmert. Die Sétifer, die an ihrem Brunnen hängen, haben ihn nach den Schreckensjahren rekonstruiert. Heute klettern vor allem junge Männer neben die Nackte, um sich – mit starrem Blick auf den bloßen Busen – in der kühnen Pose fotografieren zu lassen.

Der Ain El Fouara ist eine Touristenattraktion. Vor allem Frauen, die meisten verschleiert, drängen sich um den Brunnen.

Bettina fotografiert. Diesmal wird zurückgeschossen. Djamila stößt Bettina an: »Siehst du nicht, dass dich da eine vom Geheimdienst fotografiert?« Tatsächlich, die nette Dame mit dem harmlosen Kopftuch bleibt Bettina hart auf den Fersen. Aber die Angelegenheit bleibt folgenlos.

Zum Abendessen sind wir bei Djamilas Bruder Lahcene und seiner Frau Latifa eingeladen. Bei ihnen werden wir auch wohnen. Ihr Haus ist drei, vier Kilometer vom Stadtrand entfernt, in einer sogenannten Domaine: ein umzäuntes Terrain, 20 bis 30 Häuser mit Vorgärten, an dessen Eingang uns ein Wärter begrüßt. Ein Relikt aus den 90er-Jahren.

An der Haustür kommt uns zunächst Akila entgegen, Djamilas älteste Schwester. Zu ihr habe ich ein besonders herzliches Verhältnis. Beim Abschied vor einem Jahr hat sie mir ein Passfoto von sich geschenkt. Das steckt seither in meinem Portemonnaie. Stürmische Umarmungen. Akila! Latifa! Lahcene, ein selbstständiger kleiner Unternehmer, wird später dazukommen. Ebenso zwei der drei Kinder; das dritte, Sohn Walid, studiert Medizin in Italien. Wer kann, geht ins Ausland.

Das Haus ist ein moderner, großzügiger, fast luxuriöser Bau. Dafür ist Latifa verantwortlich. Sie ist von Beruf Architektin, hat aber ihren Beruf kaum ausgeübt. Der nette Lahcene wollte das nicht.

Wir Frauen hocken uns erst mal zusammen in die Couchecke, auf dem Tisch ein riesiger Berg köstlichster Petits Fours. Die kommen nicht aus der Konditorei, das machen in Algerien die Frauen noch alles selbst.

Latifa, 50, erzählt. Es ist eine Geschichte, die auch so manche Frau in Europa erzählen könnte – nur um 40 Jahre zurückversetzt. Latifa kommt aus Constantine an der Grenze zu Tunesien. Ihre Mutter ist eine »sehr traditionelle Frau«, ihre drei Schwestern sind verschleiert; der einzige Bruder ist Anwalt in Kanada.

Latifa ist ehrgeizig. Sie macht das viertbeste Abitur ihres Jahrgangs in Algerien, studiert Architektur und geht als junge Architektin nach Sétif. Doch da weht ein konservativer Wind. Geht sie in Jeans auf die Straße, pfeifen die Männer hinter ihr her.

Latifa bewirbt sich um ein Auslandsstipendium. Die brillante Studentin macht sich zu Recht Hoffnungen – aber bekommt das Stipendium nicht. »Das hat mich total entmutigt«, sagt sie. »Ich verlor jegliches Selbstbewusstsein.« Folge: Latifa heiratet Lahcene, »und der wollte nicht, dass ich arbeite«. Das war 1990. Latifa: »Meiner Tochter habe ich gesagt: Du darfst nie deinen Beruf aufgeben!« Das ist angekommen bei Dania, sie studiert Zahnmedizin in Sétif.

An die 90er-Jahre denkt auch Latifa bis heute mit Schrecken. »Die schwarzen Jahre haben uns gebrochen. Aber wir reden nie darüber – um uns nicht erinnern zu müssen«, sagt sie. »Vorher hatten wir ein lebendiges soziales Leben, wir trafen uns hier in der Siedlung im Garten, picknickten zusammen, feierten, gingen tanzen. Heute ist alles tot. Die meisten der früheren Nachbarn sind ins Ausland gegangen. Die neuen sind anders. Uns regiert immer noch die Angst. Erst seit ein paar Jahren erholen wir uns allmählich.«

Eine Geschichte aus den 90ern, die muss sie unbedingt erzählen, damit wir Ausländerinnen besser verstehen. Noch besser. »Eines Abends war ich allein im Haus. Da hörte ich nebenan Geräusche: zwei Einbrecher. Ich schloss mich in einem Zimmer ein und rief die Polizei an. Und was tat die? Die sagten: Wir können jetzt nicht kommen, das ist zu gefährlich für uns. Wir kommen morgen früh.« Irgendwann, nach Stunden, sind die Einbrecher abgezogen. Stunden der Angst.

Auch die sanfte und tiefgläubige Akila – die einzige der Schwestern mit Kopftuch, das sie seit den 90ern trägt – denkt mit Schrecken an die Jahre zurück. »Ich war von Anfang an ge-

Alice und Akila

Couscousessen bei Amar
und Naziha

Latifa vor ihrem Haus

Bettina an der Fontäne

gen den FIS!«, sagt sie. »Das war doch klar, dass die gegen die Frauen sind. Ich bin überhaupt für die Trennung von Religion und Politik.« Akila wurde, wie ihre Schwester Zohra, von der Mutter zwangsverheiratet. Mit 17. Ihren Mann sah sie am Hochzeitstag zum ersten Mal. Auch er verbot ihr zu arbeiten. Akila ist dennoch zufrieden. Nur: »Meine Töchter, die sollen freier sein!«

Sie sind es. Die eine Tochter arbeitet als Naturwissenschaftlerin an der Universität von Montreal und hat jüngst einen Griechen geheiratet. Die andere Tochter betreibt eine Physiotherapiepraxis in San Francisco und ist in zweiter Ehe mit einem Palästinenser verheiratet.

Es fällt uns auf, dass hier kein Muezzin zu hören ist. Und der Kuckuck natürlich auch nicht. »Eine Kuckucksuhr?«, fragt Akila. »Die hatten wir auch mal. Ihr doch auch, Latifa! Das war vor ein paar Jahren total Mode. Inzwischen sind die alle auf dem Speicher gelandet.«

Wir schlucken: Ach ja ...

Vor dem Abendessen werden Bettina und ich noch mit Dania, der Tochter des Hauses, in die Stadt geschickt, zum Besichtigen. Wir gehen noch mal zum Brunnen, dem Highlight der Stadt.

Es ist gegen 19 Uhr. Die Läden beginnen zu schließen. Schnell werden noch die letzten Datteln, Tees und Gewürze gekauft, bevor die Rollladen runtergehen. Auf dem Boden sitzt eine verschleierte Frau, die Gewürze anbietet. Sie sieht uns direkt ins Gesicht, was für eine Algerierin ungewöhnlich ist. Ich kaufe etwas (zum doppelten Preis, wie Dania mir später sagt) und gehe nachdenklich weiter. Etwas war irritierend. Nicht nur der offensive Blick, auch die tiefe Stimme und die kräftigen Hände. Ich bin mir ziemlich sicher: Diese Frau war ein Mann.

Beim Bummel unter den Arkaden erzählt Dania ein wenig von sich. Sie studiert Zahnmedizin und ist eine moderne junge Frau, mit Pferdeschwanz und in Hosen. Aber außerhalb des Studiums und der Familie gibt es kaum Bewegungsfreiheit für eine Frau wie sie. Der Gipfel der Freiheit ist das Café in dem neuen Einkaufszentrum, in dem Dania sich manchmal mit Freundinnen trifft. Während wir die Straße entlangschlendern, kommen wir an Gruppen junger Männer vorbei. Ganz und gar frauenfreie Gruppen. Sie starren uns ziemlich blöd hinterher.

Dieses Gebräu aus patriarchaler Tradition und islamistischer Propaganda ist wirklich fatal. Es geht auch an den ganz Jungen – und gerade an ihnen – nicht spurlos vorüber.

Zurück im Elternhaus von Dania stoßen wir auf die bedrückte Djamila und Akila. Sie waren gerade bei ihrem Bruder Kaddour, der schräg gegenüber wohnt. (Er wird drei Wochen nach unserer Abreise sterben.) Und obwohl er kaum noch sprechen kann, hat er gefragt: »Sind Alice und Bettina da? Läuft alles gut mit dem Projekt?« Er lässt uns herzlich grüßen. Wir sind gerührt.

Zum Abendessen tauchen auch der Mann und der Sohn von Latifa auf. Latifa muss seit Tagen gekocht haben. Schüssel um Schüssel wird über das lackierte Bord der offenen amerikanischen Küche geschoben. Und alles schmeckt köstlich.

16

Amar spricht

Sétif ist in der Geschichte Algeriens untrennbar mit den »Verbrechen gegen die Menschlichkeit« verbunden (Emmanuel Macron). Zur Erinnerung: Innerhalb von nur einer Woche fielen im Mai 1945 nach Aufständen in der Region 45 000 AlgerierInnen einem Massaker der französischen Armee zum Opfer.

Es war der 8. Mai 1945. Kriegsende in Europa. Die Franzosen hatten den Algeriern, die an ihrer Seite gegen die Deutschen kämpften, zum Dank dafür die Unabhängigkeit versprochen. »Aber man hat uns getäuscht«, klagt auch Amar. Tausende gingen an diesem Tag in Sétif auf die Straße, Richtung Fontäne, auch Frauen, »etwa jeder Vierte« war eine Frau. Hier schwenkten die Demonstranten zum ersten Mal die algerische Fahne: roter Stern auf grün-weißem Grund. Die Antwort: das Massaker. Erst 60 Jahre später, im Jahr 2005, erkannte Frankreich es offiziell als Verbrechen an.

Im November 1954 brachen die Revolten erneut los. Wieder in Sétif und Umgebung. Allen voran die von den Franzosen enteigneten Bauern. Das war der Beginn des Algerienkrieges.

Vor mir sitzt jetzt Amar, der zweitälteste Bruder von Djamila. Der kleine Mann versinkt fast in dem mächtigen Sessel. Er ist Bauer und gelernter Buchhalter, hat eine Zeit lang ein Landwirtschaftskollektiv geleitet und sich dann wieder um einen eigenen, stattlichen Bauernhof gekümmert.

Mittags sind wir in seinem Haus zum Couscous eingeladen. Seine sehr liebenswürdige Frau Naziha hat gekocht und bedient uns nun, zusammen mit ihrer Tochter. Es sind immer große Tische, an denen man in Algerien sitzt, und selten weniger als drei Generationen.

Amar hat, erzählt er mir während des Essens, 1991 den FIS gewählt. Endlich! Einer muss ihn ja mal gewählt haben. »Ich war zunächst begeistert vom FIS. Islam und Politik vereint, das fand ich richtig. Ein Jahr lang habe ich mitgemacht. Aber als das mit der Gewalt losging, habe ich mich zurückgezogen.« Doch Amar fragt sich bis heute, »ob es nicht besser gewesen wäre, den FIS einfach fünf Jahre lang regieren zu lassen. Dann hätte man ja gesehen ...« Die Spaltung in Anhänger der Islamisten und ihrer Gegner ging also auch mitten durch Djamilas Familie.

Die Bauern waren bei allen Aufständen gegen die Kolonialherren eine treibende Kraft, ein revolutionäres Element. Doch fern von Informationen und Wissen über ihre direkten Erfahrungen hinaus waren sie getrieben von dem, was Bourdieu den »Gefühlsradikalismus« nennt. In einem 1962, direkt nach der Unabhängigkeit, erschienenen Text warnt Bourdieu, dieser Gefühlsradikalismus sei »für die gegensätzlichsten Richtungen mobilisierbar«. Und er stellt die entscheidende Frage: »Wie kann man den Gefühlsradikalismus, eine Frucht von Erfahrung und harten Prüfungen, mit dem revolutionären Radikalismus, entstanden aus der Reflexion und der systematischen Betrachtung der Realität, in Einklang bringen?«

Genau das ist 1991 schiefgegangen. Da hat die Mehrheit der Bevölkerung bei den ersten freien Wahlen den FIS, die fundamentalistischen Islamisten, gewählt. Der Gefühlsradikalismus hatte Richtung Gottesstaat ausgeschlagen – statt Richtung Demokratie.

»

Amar spricht:

Mein älterer Bruder Hocine und mein Vater waren ja in Frankreich. Ich musste mich also um die Familie kümmern. Da war ich 18. Gleichzeitig leistete ich heimlich Hilfsdienste für die ALN (Action de Libération Nationale, der militante Arm des FLN). Ich nähte Fahnen, sammelte Medikamente, Geld.

Eigentlich hätte ich gleich Landwirt werden sollen, aber damit meine Mutter und meine Geschwister zu essen hatten, ging ich zunächst zu meinem Onkel in die Bäckerei. Das war ganz praktisch für mein politisches Engagement. Ich lieferte nämlich auch in die Kasernen Brot und Croissants. Da waren, neben den Franzosen, die Harkis, die algerischen Soldaten in der französischen Armee. Viele waren Verräter. Aber manche waren auf unserer Seite. Ich wurde zum Kontaktmann zwischen Harkis und Partisanen. Zwei Jahre lang habe ich Waffen aus der Kaserne geschmuggelt und in die Berge gebracht.

Eines Tages, ich hatte meinen 2CV gerade mal wieder voller Waf-

fen und Munition, wurde ich am Ausgang überraschend kontrolliert. Eigentlich sollte da einer der Unseren sein, aber der war diesmal nicht auf Posten. Die sagten also zu mir: »Was hast du da im Auto?!« Ich antwortete: »Waffen und Munition.« Da sagte der Wachmann: »Du kleines Miststück! Fahr weiter!« Ich fuhr. 100 Meter weit. Und dann versagten meine Arme und Beine.

Die Waffen transportierte ich in die Berge. Da gab es ein Passwort – und dann konnte man weiterfahren. Wir kannten uns untereinander alle nicht. Das wäre viel zu gefährlich gewesen für den Fall von Verhaftung und Folter. Aber wenn ich da ankam, haben mich immer alle umarmt.

Damals musste sich jeder junge Algerier einmal in der Woche auf der Kommandantur melden. Kam einer nicht, wurde das Haus seiner Familie zerstört. Die Repression war mörderisch.

Am 19. März 1962 war Waffenstillstand. Da haben wir uns erst mal umgeschaut: Wer ist wo? Wer lebt noch?

Die Partisanen kamen aus den Bergen und jagten jetzt die Harkis. Sie übten Rache. Das Morden ging also weiter. Auch auf der Seite der OAS. Die waren noch schlimmer als die französische Armee. Die ersten Monate der Freiheit waren sehr unsichere Zeiten.

Heute ist Ruhe. Inschallah. Für mich bedeutet der Islam Frieden. Dieser sogenannte Islamische Staat – das sind doch keine Muslime. Das ist ein Produkt von Saudi-Arabien und den USA, um uns zu destabilisieren. Aber wir Algerier sind gewarnt. Wir sind neutral. Und das ist auch gut so. Bei uns kann niemand intervenieren.

17

Ein Gruppenfoto. Und noch eine Hochzeit

Zurück in Beaulieu erwartet uns eine Überraschung. Nach dem Abendessen fragt Zahar spontan: Wollen wir noch auf eine Hochzeit gehen? Der Sohn eines Freundes. Bettina und ich sind begeistert. Nur Zohra ziert sich – lässt sich jedoch gerne überreden und zieht eine ihrer todschicken Roben an.

Auch diese Braut wechselt sieben Mal das Kleid. Und die Musik ist mitreißend. Wir tanzen uns alle die Füße platt. Die leidenschaftlichste Tänzerin ist eine kleine, runde Vollverschleierte. Die Frauen hier tragen alles: vom tiefen Dekolleté bis zum Hijab. Es ist gar nicht so einfach in Algerien mit den Schubladen.

Der nächste Tag ist unser letzter. Djamila drängt zum Aufbruch. Sie will heute mit uns noch ins Hamam. Unsere Ausstattung steht schon bereit: Handtücher, Seife, Wasserschalen zum Begießen des Körpers und getrocknete Schwämme zum Abrubbeln der Haut. Das kleine Nachbarschaftshamam kann nicht so ganz mithalten mit dem Hamam der Großen Moschee von Paris, aber es hat auch seinen Charme. Frau kennt sich.

Am Eingang empfängt uns eine resolute Mittvierzigerin mit einem Turban um den Kopf und in Badelatschen. Sie hat sich vor ein paar Jahren scheiden lassen und leitet seither das Hamam. »Du bist aber spät heute, Djamila!«, rügt sie. Djamila murmelt etwas von Gästen aus Deutschland, die nicht aus dem Bett kommen.

Wir ziehen uns im Vorraum aus und betreten den dunstigen Waschraum. Auf den Steinbänken am Rand sitzen Frauen und dösen oder schwatzen. Nach den Waschritualen – sich einseifen, vielfach mit mit warmem und kaltem Wasser gefüllten Schalen übergießen, mit den trockenen Schwämmen die Haut abrubbeln (lassen) – ruhen wir uns noch ein wenig aus auf einer Bank im Nebenraum.

Neben uns sitzt eine Frau um die 40. Sie schaut uns eindringlich an und dann sagt sie: »Bettina?« Unglaublich. Es ist Lamia, die kleine Schwester von Rachida, bei der Bettina 1991 während ihrer Reportage über Algerien gewohnt hat. Damals war Lamia zehn Jahre alt, aber sie erinnert sich bestens und findet: »Du hast dich gar nicht verändert, Bettina!« Bettina ist zufrieden.

Und Rachida? Die lebt heute in Kanada, wie Tausende in den Schwarzen Jahren geflüchtete AlgerierInnen, wo sie eine Praxis als Logopädin hat. Bevor wir aufbrechen, haben Lamia und Bettina noch so einiges zu bereden: Weißt du noch ...

Gegen 18 Uhr ist das Gruppenfoto auf der Terrasse geplant. Danach Grillen und Tanzen. Alle, alle kommen. Das Gruppenfoto ist ein großer Spaß. Wer steht wo? Wer hat jetzt wieder nicht

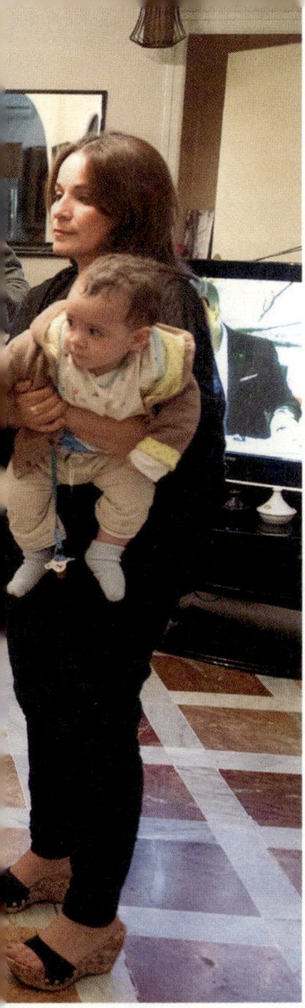

Kurz vorm Gruppenfoto

Lilia und Sarah

Seit 40 Jahren zusammen: Zahar und Zohra

Die drei Schwestern

in die Kamera geguckt? Sehe ich auch gut aus? Ich stehe in der Mitte und halte ein Schild mit der Aufschrift: »Meine algerische Familie«. Dazu trage ich ein Kleid, das ich arabisch finde, das aber aus Indien kommt.

Beim Grillen serviert Hausherr Zahar mir wieder zwinkernd Tee. Und alle gucken wieder weg. Getanzt wird diesmal nicht bis in den frühen Morgen wie bei der Silvesterfeier vor zwölf Jahren, aber immerhin bis Mitternacht.

Am nächsten Morgen bringen Djamila und Ghanou uns zu dem nur zehn Autominuten entfernten Flughafen. Adieu Muezzin, adieu Kuckuck. Unsere bei der Hinfahrt so vernünftig gepackten Koffer sind bleischwer: Datteln aus Sétif, Couscous aus Algier, Gewürze aus dem Garten, Souvenirs von allerorten. Dabei hatten wir schon zwei Drittel aller Geschenke mit dem an Beleidigung grenzenden Hinweis auf das Gewicht und unseren Rücken abgewehrt.

Zohra jammert laut: »Warum fahrt ihr denn schon zurück? Mit wem soll ich denn jetzt reden!« Ghanou hat am frühen Morgen noch schnell in der Stadt vier CDs mit algerischer Musik gekauft, »aus allen Regionen, damit ihr uns nicht vergesst«. Wie könnten wir.

Hinter der Sperre winkt Djamila uns noch lange nach und ruft: »À bientôt!« Ja, auf bald.

Kleine algerische Chronik

14.6.1830

Die Franzosen gehen mit 37 000 Soldaten an Land und machen Algerien zu einer französischen Kolonie.

1945

In Sétif brechen die ersten Aufstände aus – als Reaktion auf das nicht eingehaltene Versprechen Frankreichs, den im Zweiten Weltkrieg mitkämpfenden Algeriern nach dem Krieg die Unabhängigkeit zu geben. Die Kolonialmacht unterdrückt die Proteste brutal: Innerhalb von nur einer Woche werden in der Region von Sétif 45 000 Algerier getötet. Die Welt schaut weg.

1954

Wieder beginnen die Unruhen in Sétif, an der Spitze die von den Franzosen enteigneten Bauern. Unter den Demonstrierenden sind etwa ein Viertel Frauen. Die Unruhen werden zum Zündfunken für den »Algerienkrieg«, der acht Jahre währen wird. Nach algerischen Schätzungen sterben darin eine bis anderthalb Millionen Algerier. Die Franzosen geben ihre Verluste mit 24 000 Soldaten an und 2700 Zivilpersonen.

5. Juli 1962

Algerien wird unabhängig. Präsident de Gaulle entlässt die Kolonie nach 132 Jahren aus der Tutelle – gegen den Widerstand des rechten Flügels des französischen Militärs (OAS) sowie der

Mehrheit der eine Million Algerier-Franzosen. Die meisten verlassen ihre Heimat überstürzt. Zu dem Zeitpunkt sind 85 Prozent aller Algerier Analphabeten. Der junge Staat investiert ein Viertel seines Nationalbudgets in die Bildung.

1963

Volksheld Ahmed Ben Bella wird der erste Präsident des größten afrikanischen Staates. Das Land wird zum »Mekka der Revolutionäre«. Ben Bella will »Islam und Sozialismus« vereinen. 1965 putscht das Militär; Colonel Boumedienne, Exweggefährte Ben Bellas und Verteidigungsminister, wird Präsident.

1988

Ausgehend von der Kabylei erlebt das Land einen »algerischen Frühling«, ausgelöst von Protesten unzufriedener Jugendlicher gegen das erstarrte, postsozialistische Militärregime. Doch setzen sich sehr rasch die Islamisten an die Spitze der Proteste – ganz wie 23 Jahre später beim »Arabischen Frühling«.

Dezember 1991

Die ersten freien Wahlen finden statt. Im ersten Wahlgang siegt der FIS. Die Generäle kehren zurück an die Macht und brechen den zweiten Wahlgang ab. Jetzt geht ein Teil der Islamisten in den bewaffneten Untergrund, viele von ihnen sind sogenannte »Afghanen«, Söldner, die in Afghanistan mit den Taliban gegen die sowjetischen Besatzer gekämpft hatten. Der Bürgerkrieg beginnt: die Islamisten gegen den Staat und alle, die keinen »Gottesstaat« wollen. Tausende Intellektuelle, Künstler, Freigeister flüchten ins Exil. Am Ende des Bürgerkrieges stehen 100- bis 200 000 Tote.

1999

Beim zweiten Anlauf für freie Wahlen wird Abd al-Aziz Bouteflika zum Präsidenten gewählt. Er ist Mitglied der Staatspartei FLN (Front de Libération Nationale), ein Weggefährte von Ben Bella und dem langjährigen Präsidenten Colonel Boumedienne. Bouteflika erlässt ein Gesetz zur »nationalen Versöhnung«, das eine überwältigende Mehrheit der Algerier in einem Referendum bestätigt. Dieses Gesetz bietet allen Islamisten eine Amnestie an (so sie nicht »schwere Verbrechen« wie Vergewaltigung oder Mord begangen haben). Die GIA, Groupe Islamique Armé, legt die Waffen nieder. Auch im Rückblick heißen die meisten AlgerierInnen die »Versöhnung« weiterhin gut – beklagen jedoch, dass die Amnestie die Aufarbeitung des Grauens verhindert habe, sowohl die der Verbrechen der Islamisten als auch die der Übergriffe der Militärregierung.

2017

Algerien ist der größte Staat Afrikas. Es hat heute rund 40 Millionen EinwohnerInnen, davon knapp 70 Prozent unter 30 Jahre. Noch immer sind jeder achte Algerier und jede vierte Algerierin Analphabeten. Bouteflika wird vier Mal wiedergewählt und ist bis heute an der Macht. Seine KritikerInnen werfen dem Regime Stagnation und Korruption vor.

Im Justizwesen gelten gleichzeitig das französische und das islamische Recht – vor allem bei dem die Frauen entmündigenden Familienrecht. Frauen haben lebenslang einen Vormund – Vater, Bruder, Ehemann –, nicht die gleichen Rechte und auch die Sitten in dem patriarchal-islamischen Land schränken sie stark ein. Homosexualität wird als »Verstoß gegen die guten Sitten« gewertet und nach Artikel 338 aus dem Jahr 1982 mit bis zu zwei

Jahren Gefängnis und einer Geldstrafe zwischen 500 und 2000 Dinar bestraft. Allerdings ist nach dem Gesetz seit Jahrzehnten niemand mehr bestraft worden. Auch die Todesstrafe besteht noch, ist aber seit zehn Jahren nicht mehr exekutiert worden.
Algeriens wirtschaftliche Probleme sind groß. Der Staat hat lange ganz auf die Erdöleinnahmen gesetzt und gerät jetzt durch die sinkenden Petrolpreise in Bedrängnis, auch wenn Algerien noch Geldreserven hat und schuldenfrei ist. Doch das Land importiert zu viel und produziert zu wenig. Trotz – oder wegen – der protektionistischen Politik ist die Arbeitslosigkeit hoch, bei den unter 30-Jährigen ist jeder Vierte arbeitslos.
Algerien ist das Schlüsselland Nordafrikas. Links das Königreich Marokko, im Süden Mali, rechts das von Clankämpfen und der Offensive der Islamisten zerrissene Libyen. Doch Algerien hält sich seit dem Trauma der Schwarzen Jahre zurück. Agitierende Gottesstaatler haben wenig Chancen. Dennoch gibt es eine religiöse Radikalisierung, die das gesamte gesellschaftliche Leben durchdringt. Zum Beispiel klagen StudentInnen über eine salafistische Agitation an den Universitäten und in den, strikt nach Geschlechtern getrennten, Studentenwohnheimen. Studentinnen wird immer öfter eine »sittsame Kleidung«, sprich Verschleierung nahegelegt.
2019 sind die nächsten Wahlen. Schwer vorstellbar, dass der schwerkranke Bouteflika ein fünftes Mal gewählt werden wird. Was kommt dann? Niemand wagt eine Prognose. Eines scheint klar: Algerien kann es ohne Unterstützung des Westens kaum schaffen. Unterstützung, nicht Intervention! Eine stärkere wirtschaftliche Zusammenarbeit sowie Beistand für die bedrängte demokratische Minderheit ist dringend erforderlich. Es ist auch im ureigensten Interesse Europas, zur Stabilisierung Algeriens beizutragen. Denn: fällt Algerien, kippt der ganze Maghreb. Und dann schwappt das Problem direkt rüber nach Europa.

Die Familie

Mutter

Lalahoum (1923–2007)

Vater

Said (1918–2007)

Schwestern und Brüder

Akila (71)

Amar (77) mit Naziha (71)

Djamila (65)

Hocine (78)

Lahcene (61) mit Latifa (50)

Zohra (68) mit Zahar (68)

Nichten und Neffen

Fodil (43), *Sohn von Hocine*

Ghanou (37), *Sohn von Zohra und Zahar*

Lilia (40), *Tochter von Zohra und Zahar,* mit Karim (41)

Moumene (47), *Sohn von Akila,* mit Ghada (45)

Mounia (42), *Tochter von Zohra und Zahar,* mit Lotfi (44)

Sarah (24), *Tochter von Zohra und Zahar*

Von oben links, erste Reihe: Ghanou, Karim, Lotfi, Zahar.
Zweite Reihe: Mounia mit Dinah, Amar, Alice, Djamila, Akila, Lilia mit Racime.
Unten: Zohra mit Malik, Kamyl, Sarah.

Personenregister

Die EMMAs (von links unten): Angelika Mallmann, Chantal Louis, Alexandra Eul, Margitta Hösel, Alice Schwarzer (alle Redaktion); Silvia Kretschmer und Irina Rasimus (Grafik); Cartoonistin Franziska Becker und Anett Keller (Verlag).

Alice Schwarzer. Simone de Beauvoir. Weggefährtinnen im Gespräch. Mit zahlreichen Abbildungen. Taschenbuch. Verfügbar auch als E-Book

Alice Schwarzers Gespräche mit Simone de Beauvoir sind das Herzstück dieses Buches. Sie wurden in den so bewegten Jahren 1972 bis 1982 geführt und damals weltweit veröffentlicht und diskutiert. Die Gespräche gelten als Schlüssel zum politischen Teil ihres Werkes und ihres Lebens. Die Einheit von Werk und Leben machte Simone de Beauvoir zum Modell der engagierten Intellektuellen unserer Zeit.

»Das Buch wird helfen, die Sache, der ich so tief verbunden bin, besser zu verstehen.« *Simone de Beauvoir*

Alice Schwarzer. Der Schock – die Silvesternacht von Köln. Taschenbuch. Verfügbar auch als E-Book

Das Buch zu der Nacht, die nicht nur Deutschland, sondern die ganze Welt bewegt. Mit Beiträgen von Rita Breuer, Kamel Daoud, Alexandra Eul, Marieme Hélie-Lucas, Necla Kelek, Florian Klenk, Alice Schwarzer, Bassam Tibi.

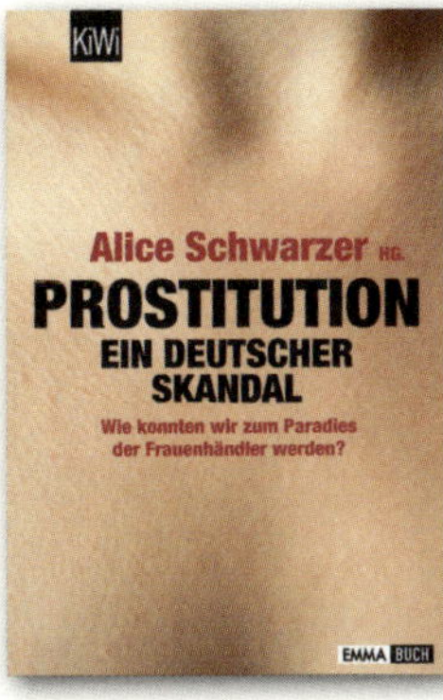

Alice Schwarzer (Hg.). Prostitution – Ein deutscher Skandal. Wie konnten wir zum Paradies der Frauenhändler werden? Taschenbuch. Verfügbar auch als E-Book

Wie kommt es, dass Deutschland zur europäischen Drehscheibe der Frauenhändler wurde und zum Paradies für Zuhälter und Freier? Und was muss getan werden, um das skandalöse Elend von Hunderttausenden von Armuts- und Zwangsprostituierten zu beenden?

Alice Schwarzer (Hg.). Es reicht! Gegen Sexismus im Beruf. Taschenbuch. Verfügbar auch als E-Book

Bei der sexuellen Belästigung geht es nicht um Begehren, sondern um Macht. Dieses Buch zeigt die Gegenwehr von Frauen, und auch das, was sie schon erreicht haben. Der Band vereint Texte von heute und solche aus den 70er- und 80er-Jahren, die beklemmend aktuell sind.

Alice Schwarzer. Der große Unterschied. Gegen die Spaltung von Menschen in Männer und Frauen. Gebunden.

Alice Schwarzer. Eine tödliche Liebe.
Petra Kelly und Gert Bastian. Taschenbuch

Alice Schwarzer. Marion Dönhoff.
Ein Widerständiges Leben. Taschenbuch.
Verfügbar auch als E-Book

Ein Klassiker der zeitgeschichtlichen Literatur und ein Buch von höchster politischer Aktualität.

»Es gibt wirkungsvolle Fragen, deren Antworten selbstverständlich sind; Schwarzer hat sie gestellt, und darin liegt die Bedeutung ihres Buchs.«
Elke Schmitter, taz

Die ZEIT- und die EMMA-Herausgeberinnen verbrachten für die Entstehung dieses Buches viele Wochen zusammen, »die Gräfin« öffnete der Biografin alle Türen zur Familie und zu Freunden. Heraus kam eine Biografie, die Marion Dönhoff aus größter Nähe zeigt – ohne ihr zu nahe zu treten.